한국은
하나의
철학이다

한국은 하나의 철학이다

리理와 기氣로 해석한 한국 사회

오구라 기조 지음

조성환 옮김

모시는사람들

'우리'에게 유교란 무엇인가?

　일반적으로 한국은 '유교국가'라고 알려져 있다. 그러나 정작 유교가 무엇인가, 라고 물으면 선뜻 대답할 수 있는 한국인은 많지 않을 것이다. 오늘날 한국 사회에서 유교가 어떻게 작동되고 있는지, 유교가 우리 의식을 얼마나 지배하고 있는지, 왜 한국은 유교국가라고 인식되고 있는지, 현대사회에서 유교의 의미는 과연 무엇인지 등등을 일목요연하게 설명하는 글이나 논의는 아직까지 본 적이 없다.

　그것은 아마도 유교가 우리에게 타자화되어 있지 않기 때문일 것이다. 조선왕조가 끝난 이래로 우리는 한 번도 유교를 객관화하고 상대화해 본 경험이 없다. 유교는 당연한 것, 늘 있는 것, 좋은 것, 계승되어야 할 것으로 미화되거나, 아니면 정반대로 보수적인 것, 전근대적인 것, 가부장적인 것, 버려야 할 것으로 배척당하거나, 둘 중의 하나였다. 그래서 우리는 유교를 정식으로 해부하거나 객관적으로 비판해 본 적이 없다.

　이 책의 가치는 바로 여기에 있다고 생각한다. 한국에서 오랫동안 생활하고 공부한 저자가 한 발은 한국에 딛고, 다른 한 발은 일본에 디딘 채, 알맞은 '거리감'을 유지하면서 한국을 바라보며 서술하고 있기 때문이다. 그래서 그동안 한국인들이 놓쳤던, 한국 사회에 살아 숨쉬고 있는 유교적 요소들에 대해서 날카롭게 분석하고 있다. 말하자면 한국 사회 안에서 '살아 있는' 유교를 논하고 있는 셈이다.

그런 점에서 이 책은 방법론상에서 우리에게 시사하는 바가 크다. 우리가 유교를 어떻게 접근해야 하는지, 그리고 일본을 어떻게 바라보아야 하는지에 대한 하나의 지침을 제시하고 있기 때문이다. 반면에 오늘날 한국에서 행해지고 있는 대부분의 유교 연구는 조선이라는 시대와 중국이라는 공간에 갇혀 있는 느낌이다. 그래서 현대 한국을 살고 있는 우리에게 잘 와 닿지 않는다. 그것은 연구자들이 두 발을 모두 과거에 딛고 있기 때문일 것이다. 반대로 '유교 혐오주의자'들은 두 발을 모두 현대에 딛고 있다고 할 수 있다.

그러나 저자의 방법론을 빌리면, 전통과 현대에 각각 한 발씩을 딛고 있을 때 우리는 비로소 유교를 '이해'할 수 있을 것이다. 마찬가지로 일본과 한국의 사이에서 적당한 거리감을 유지할 수 있을 때 우리는 일본과 한국을 냉철하게 바라볼 수 있을 것이다. 이 책은 이 이상적인 '중용'의 거리를 유지하고 있는 몇 안 되는 논고 중의 하나이다. 바로 이 점이 역자가 이 책을 한국에 소개하고 싶었던 이유이다.

만약에 역자의 이런 평가에 공감해 준다면, 독자들은 이 책을 통해서 지금까지 한국에서는 접할 수 없었던 새로운 통찰과 시사를 받을 수 있을 것이다. 특히 한국학에 뜻이 있는 젊은 연구자들에게는 장차 한국학 연구의 새로운 방향을 잡는 데 도움이 되리라 확신한다. 아울러 '자기'사상의 뿌리를 알고 싶어하는 한국인들과 한일 교류를 희망하는 한국 시민들에게도 이 책은 친절한 길잡이가 되어 줄 것이다.

2017년 11월 원광대학교 원불교사상연구원에서

역자 조성환

[역자 일러두기]

* 이 책은 小倉紀藏, 『韓国は一固の哲学である -「理」と「気」の社会システム』(講談師, 2011) 을 번역한 것이다.
* 이 책의 초판은 같은 출판사에서 1998년에 나왔다.
* 모든 주석은 역자의 것이다.
* 2쇄에서는 초판의 오타를 바로잡고, 몇몇 표현을 수정하였으며, 각주를 보완하고 편의상 단락을 나누기도 하였다.

1장

한국,
도덕 지향적인
나라

1. 도덕 지향적인 사람들

한국은 '도덕 지향성 국가'이다. 한국은 확실히 도덕 지향적인 나라이지만, 그렇다고 해서 이것이 "한국인이 언제나 모두 도덕적으로 살고 있음"을 의미하는 것은 아니다. '도덕 지향적'과 '도덕적'은 다른 것이다. '도덕 지향성'은 사람들의 모든 언동을 도덕으로 환원하여 평가한다. 즉 그것은 '도덕 환원주의'와 표리일체를 이루는 것이다.

현대의 일본은 '도덕 지향성 국가'가 아니다. 이것이 한국과의 결정적인 차이이다. 그러나 그렇다고 해서 한국인이 도덕적이고 일본인이 부도덕적(immoral)이라는 것은 아니다. 한국인이 "우리야말로 도덕적인 민족이고 일본인은 부도덕적인 민족이다"라고 주장하는 것은, 한국인이 도덕적이기 때문이 아니라 도덕 지향적이기 때문인 것이다.

역으로, 일본인은 몰도덕적(沒道德的. amoral) · 현실주의적 경향이 강하기 때문에 모든 것을 도덕으로 환원하지 않는다. 그러나 일본인이 역사적으로 언제나 도덕 지향적이지 않았던 것은 아니다. 예전에는 도덕 지향적인 시대도 있었지만 지금은 그 지향성이 약해지고 있는 것이다. 아니 그보다는 일본에서는 도덕 지향성이 옛날부터 존재하기는 했지만 사회의 구석구석까지 침투하는 일은 없었다.

2. 도덕을 외치는 사람, 도덕을 외치지 않는 사람

일본의 TV드라마에서는 연인들이 달밤에 공원에서 "왠지 당신하고는 더 이상 안될 것 같아." 이렇게 고백하고 헤어진다. 한국의 드라마에서는 연인들이 사람들 앞에서 "당신은 이런 이유로 도덕적으로 잘못됐어. 이렇게 부도덕한 당신과 사귀는 것은 나의 도덕성을 심히 손상시키는 일이야. 그래서 나는 당신과 헤어지지 않을 수 없어!"라는 논리를 펼치고 헤어진다.

즉, 한국의 드라마에서 연인들은 도덕을 외치고 있다. 이것이 도덕 지향성이다. 한국 드라마의 등장인물은 "지금 당신은 틀렸어. 이렇게 해야 맞아"라며 다른 사람의 인생을 일방적으로 단정해 버린다. 또 "사랑이란 이러한 것이어야 한다고 나는 생각한다"라며 사랑의 당위적 정의를 상대방에게 먼저 설교하고 난 뒤에, 그 사람과 교제하려고 한다. 여기에서 전개되는 것은 '주체성 쟁탈전'을 둘러싼 이야기이다. 누가 도덕적 주체성을 장악할 수 있는가 하는 격렬한 싸움의 기록이다.

일본의 드라마는 감각의 예정조화적(豫定調和的)인 논리 전개로 이루어져 있고, 한국의 드라마는 논리로 무장된 감정의 격돌로 이루어져 있다. 일본의 드라마는 늘어지고 지루하다. 거기에는 세계관의 대립이나 주체 간의 투쟁이 전혀 없다. 그에 비해 한국의 드라마는 숨 쉴 틈 없는 말싸움으로 이어지는, 그야말로 '드라마'인 것이다.

3. 일본과 한국에서의 도덕의 이미지

일본의 도덕은 진부하고 한국의 도덕은 풋풋하다. 일본에서 도덕의 이미지라고 하면 '노인·보수' 정도일 것이다. 그러나 한국에서 도덕의 이미지는 '청춘·혁신'이다. 일본의 도덕은 현실에 순종하고, 한국의 도덕은 현실을 개선하는 동력이다.

전후(戰後) 일본에서는 도덕교육이 기피되어, 도덕이라고 하면 마치 인간성을 봉건적인 틀에 끼워 맞추는 악의 장치처럼 인식되었다. 한국에서도 도덕이라고 하면, 기존의 가치체계에 대한 동화를 강요하는 것이기도 하지만, 역으로 낡은 체제에 대한 반항과 새로운 체제를 수립하는 원동력이기도 하다. 이것은 가장 예리하고 혁명적인 투쟁의 도구로, 진부함과는 거리가 먼 청춘의 폭발력의 원천이 된다.

이 차이는 어디에서 오는 것일까? 그것은 바로, 한국은 수백 년 동안 주자학의 나라였지만, 일본은 메이지시대(明治時代)가 되어서야 유교적 국가의 완성을 지향했을 뿐이라는 역사적 차이에 기인한다. 조선 왕조에 의한 사회 전체의 유교화 이후, 한국은 줄곧 유교 국가였다. 아니 좀 더 정확하게는 주자학 국가였다. 체제나 이데올로기가 어떻게 변하든지 간에 줄곧 주자학 국가로 지속되었던 것이다.

4. 〈유교=형식주의〉는 오류이다

일본의 젊은이는 더 이상 젊지 않지만 한국의 젊은이는 아직 한창 젊다. 일본의 젊은이가 생기 없이 늙어 가고, 관리되어 손질될 대로 손질된 분재 소나무인 데에 반해, 한국의 젊은이는 쭉 뻗은 새파란 대나무 같다.

한국 사회에 끼친 유교의 영향이라고 하면, "아랫사람은 윗사람 앞에서 담배를 피지 않는다"와 같은 형식적인 측면만이 일본에서는 강조된다. 그 오해의 근원에는 "유교는 형식주의이다"라는 근본적인 무지가 가로놓여 있다. 그러나 형식주의적인 측면은 유교의 일면에 지나지 않는다.

맹자가 "만물은 모두 나에게 구비되어 있다(萬物皆備於我)" · 호연지기(浩然之氣) 등을 강조하듯이, 자기의 마음과 그 마음에 구비되어 있는 도덕성만을 믿고, 그것을 올곧게 전 우주에까지 확장시키는 것이 유가의 근본적인 입장이다. 그리고 유가가 가장 싫어하는 것은 비뚤어진 것 · 비뚤어진 마음인데, 이는 강력한 반항 정신을 만들어 내는 요인이다. 한국인은 비뚤어진 것에는 올곧은 것으로 맞서고, 올곧은 것을 상대할 때에는 올곧음을 겨룬다. 상대방보다 자신이 올곧으면 상대방의 정신적인 주인이 되고, 그 반대의 경우에는 상대방에게 동화되려고 한다.

5. 월드컵 유치 경쟁에서 보여준 도덕 지향성

아직도 기억이 생생한 예를 들면, 2002년 월드컵 유치 경쟁에서도 일본에는 도덕 지향성이 결여되어 있다는 점이 여실히 드러났다. 세계를 무대로 한 유치 경쟁에서, 한국은 줄곧 "일본에는 메시지가 없다"고 주장했고, 일본은 줄곧 "공동 개최는 전례가 없다"고 주장했다. 메시지란 대의명분이다. 메시지가 없는 자가 세계를 바꿀 수는 없다, 이것이 한국인의 주장이다. 한국은 "월드컵을 한국(과 북한)에서 열면 남북통일과 동아시아의 평화에 기여한다"라는 장대(壯大)한 기상과 대계(大計)의 의지가 넘치는 제언(提言)을 했다. 이에 반해 일본 측의 "전례가 없다"는 주장은, 처음부터 메시지를 포기한 자가 하는 말이다. 가령 서리(胥吏. 하급 관리) 같은 사람이라면 이와 같은 우매한 말을 해도 부끄러워하지 않을 것이다. 하지만 국민적 차원에서도 도덕 지향적인 한국인에 비해, 일본인은 불쌍할 정도로 소박하고 감각 지향적이었다. "한국이 일본보다 우월하다는 것을 세계에 보여준다", "일본을 압도함으로써 일본인의 망언을 봉쇄한다", "더 나은 경제 발전을 해서 일본을 이긴다"라는 것이 한국인의 바람이었던 데 반해, "세계 일류의 플레이를 눈으로 직접 보고 싶다"는 것이 일본인의 욕망이었다. 일본인은 자기의 사적인 욕망이 공적인 메시지가 될 수 있다고 오해하였고, 한국인은 사적인 욕망을 공적인 도덕으로 은폐하지 않으면 자기는 존재할 수 없다고 두려워하고 있었던 것이다.

6. 도덕 지향적인 세계 속에서의 일본의 개성

한일전 축구 경기가 열릴 때면 한국 측 응원전에는 반드시 "독도는 우리 땅"이라는 현수막이 걸리곤 한다. 축구라는 스포츠 무대에 이런 정치적인 메시지가 등장하는 것도, "한일 간의 이벤트는 도덕 지향적으로 채색하지 않으면 안 된다"라는 당위성을 한국인이 느끼고 있기 때문이다. 한편 도덕 지향성 결핍증의 일본인은, 북한이 로켓을 발사하고 영공을 침략해도 도덕 지향적인 메시지 하나 내놓지 못한다. 놀라움이나 분노의 감정을 논리로 훌륭하게 포장하여 도덕 지향 시장에 출하하지도 못한 채, 극히 소박하게 감정을 표출하며 발을 동동 구를 뿐이다.

소리 높여 외치는 것은 사실의 해명과 힘의 배양일 뿐이다. 즉, 문제를 상대방과의 도덕 지향적인 교섭의 장으로 가져가는 것이 아니라 자기 혼자의 영역에 가두어 버린다. 세계는 그리스도교적인 도덕 지향성을 지니는 서구와, 유교적인 도덕 지향성을 지니는 중화 문명권(한반도도 포함됨), 그리고 이슬람교적인 도덕 지향성을 지니는 이슬람 문명권 세력들의 도덕 지향적 싸움의 시대다. 이에 반해 도덕 지향적인 발상이 없는 일본은 분명 개성 있는 존재라고 할 수 있다. 일본은 이러한 개성을 지키고 명예로운 고립을 선택할 것인가? 아니면 궁지에 몰려 도덕 지향성이라는, 눈부시면서도 때로는 부도덕한 마약을 취하려 달려들 것인가?

7. 일본은 메이지 이후에 유교 국가화의 완성을 지향한다

에도시대의 일본은 유교 국가였는데, 메이지유신에서 그것을 타도하여 서구의 근대적인 국가 체제를 만들었다고 여겨지고 있다. 그러나 이와 같은 역사 인식은 잘못되었다. 에도시대의 일본은 유교 국가가 아니었다. 유학자가 정치를 담당하지 않는 유교 국가란 있을 수 없다. 그에 반해 메이지유신을 이루어 낸 것은 유교적 개혁주의자들이다. 일본은 완전한 유교 국가가 아닌데다 다양한 급진적 유교주의자들이 존재하였기 때문에 메이지유신이 성공할 수 있었다. 메이지유신 이후 일본은 뒤늦게나마 겨우 유교적 중앙 집권국가를 만들기 시작했다. 메이지의 근대 일본 구축은 봉건 체제로부터의 탈피이지 유교 체제로부터의 탈피를 꾀한 것은 아니었다. 오히려 서구의 이념을 받아들여 일본 전체의 유교 국가화를 추진한 것이다. 메이지 시기에 중앙집권과 국가시험에 의한 관료 선발 등을 추진한 것도 국가를 전체적으로 유교체제화하려는 움직임의 일환이었다. 이와는 별도로 자유민권운동은 사대부의 권리인 '언론의 자유' 등을 주장하며 일본의 유교사회화를 추진했다. 메이지 초기의 이데올로기에서 시작하여 공산주의자나 초(超)국가주의자를 거쳐 1960년대의 학생운동가로 이어지는 일련의 계보의 주인공들은, 메이지 이후에 유교적인 지(知)와 권력의 역동적 관계를 처음으로 안 사람들과 그 후예들로, 하나같이 도덕 지향적인 사람들이었다. 이것은 일본에서 보기 드물게 도덕이 풋풋했던 한 세기의 이야기이다.

8. 한국은 하나의 철학이다

조선 혹은 한국은 하나의 철학이다. 철학 그 자체가 영토 · 사람 · 주권으로 응결된 것이 조선 혹은 한국이다. 여기에서 철학이란 '리(理)'를 말한다. 주자학에 의한 국가 통치 이후, 이 반도를 지배해 온 것은 오로지 '리'였다. 항상 '하나임(一個性)'을 주장하는 '리'였던 것이다. '리'란 무엇인가? 보편적 원리이다. 그것은 천(天), 즉 자연의 법칙과 인간 사회의 도덕이 한 치의 오차도 없이 일치된, 아니 일치되어야 한다고 여기는 절대적인 규범이다[33쪽].

오늘날의 한국인의 도덕 지향성은 이 전통적인 '리' 지향성의 연장이다. 조선 왕조의 철학자들은 실로 치밀한 이기론(理氣論)을 수백년 동안이나 되풀이했다. 여기에는 이유가 있다. 인간의 마음에서 사회와 우주에 이르는 모든 영역을 '리'와 '기'의 관계를 가지고 좀 더 논리 정연한 체계로 설명할 수 있는 세력만이 정권을 장악할 수 있었기 때문이다. 그리고 이 철학 논쟁에서 패배한 그룹은 권력에서 배제된다.

'리'는 보편의 운동이다. 이 보편을 격렬한 논쟁에 의해 거머쥔 자가 권력과 부를 독점한다. 즉 '리'는 진리이자 규범이자 돈과 밥의 원천인 것이다. 모든 사람은 각자가 체현하는 '리'의 많고 적음에 따라 일원적으로 서열이 정해진다. 체현하는 '리'가 많으면 많을수록 밥을 배불리 먹을 수 있었다.

9. 도덕·권력·부

여기에서 우리는 도덕을 지향해야 할 자들이 왜 돈과 권력을 둘러싼 암투에 기꺼이 가담하는지를, 그리고 그와 같은 싸움의 강렬한 이유가 무엇인지를 알 수 있게 된다. 이것은 또한 도덕 지향적인 메시지를 내놓는 자의 행동이 언제나 도덕적이라고는 말할 수 없는 이유이기도 하다. 그것은 바로 유교의 도덕이 권력 및 부와의 관계에서 성립되고 있기 때문이다. '도덕 지향성 국가'인 한국에서 도덕의 최고형태는, 도덕이 권력 및 부와 삼위일체가 된 상태라고 여겨지고 있다.

한국인이 이상으로 여기는 인생 또한 이 세 가지가 전부 구비된 상태이다. 즉 현세주의적인 유교에서 도덕이란 결코 사회와 고립되어 있는 것이 아니다. 항상 권력 및 부와의 융합과 반발을 둘러싸고 격렬하게 긴장하고 있다. 도덕은 권력이나 부와 결합되어 있는 것 자체만으로는 원래는 아무런 상처도 입지 않지만, 권력과 부와 어떻게 결합되어 있는가에 따라서 손상될 수가 있다. 그러나 슬프게도 현실적으로는 거의 모든 도덕이 상처를 입고 있다. 그곳을 노리고 다른 세력이 굶주린 늑대들처럼 도덕 지향적인 공격을 해 온다. 권력이나 부와의 거리 차에 의해서 도덕 내용이 다양하기 때문에 공격하는 내용도 다양하며, 지칠 줄 모르고 파상적(波狀的)으로 계속된다. 바로 이것 때문에 한국의 도덕은 영원히 풋풋한 것이다.

10. 도덕 쟁탈전

한국 사회는 사람들이 화려한 도덕 쟁탈전을 벌이는 하나의 거대한 극장이다. 한국 사회의 역동성과 손에 땀을 쥐게 하는 스릴과 흥분은 항상 여기에서 유래한다. 사람들은 도덕을 쟁취하려고 호시탐탐 기회를 엿보며 필사적으로 자기선전을 하고 있다. 운동선수도 연예인도 동성애자도, 심지어는 범죄자까지도 하나같이 공적인 자리에서는 도덕을 외친다. 경기 성적이나 노래 실력만으로는 평가받지 못하고, 자신이 얼마나 도덕적인가를 국민들에게 납득시킨 후에 비로소 스타가 될 수 있는 것이다. 그렇기 때문에 프로야구 선수는 홈런이나 도루 혹은 세이브를 거둘 때마다 고아원이나 장애인 시설에 돈을 기부하고, 가수나 운동선수 중에는 '금 모으기 운동'에 동참하여 나라를 위해 자신의 가장 소중한 금메달이나 황금 트로피를 바치는 이가 많다. 이것이야말로 도덕 지향성의 본령이다. 자기 자신의 사욕만 생각해도 결코 규탄받지 않는 일본의 선수나 연예인과는 다르다.

조선 시대에는 도덕을 쟁취하는 순간, 권력과 부가 저절로 굴러 들어온다고 모두가 믿고 있었다. 그래서 조선에서는 무력으로 투쟁하지 않고 이론으로 투쟁하였다. 우리 도덕이야말로 올바르다는 논리로 싸운 것이다. 이 투쟁에서 패하면 사형이나 유배를 면치 못한다. 뿐만 아니라 그 죄가 가족과 친척에게까지 파급된다.

11. 철학은 삶 그 자체

우리는 마르크스가 알았다면 기쁨의 눈물을 흘렸을지도 모를 정도의 가장 순수한 형태의 '철학'이 이 땅에 숨쉬고 있음을 인정하게 된다. 즉 조선(및 중국)에서 학문이란 세계를 해석하고 동시에 변혁하며 나아가서는 지배하기 위한 것이었는데, 이것이야말로 철학이다. 조선에서는 양명학을 단호하게 배척하였다. '성즉리(性卽理)'라는 주자학의 명제를 '심즉리(心卽理)'라는 양명학의 명제로, 단지 글자 하나를 바꾸는 것만으로도 권력의 중추가 일시에 전복되어 버리기 때문이었다.

조선 철학은 독창성에서는 중국 철학보다 현격하게 떨어지지만, 인간의 마음이나 사회를 어떻게 파악할 것인가를 둘러싼 바늘구멍 같은 세밀한 이론이 강력한 폭탄이 되어 권력 중추를 위협한다는 과격함은 중국보다 철저하였다. 오늘날 일본의 대학교수들이 행하는 이른바 '철학학(哲學學)'으로는 이와 같은 극도의 팽팽한 긴장감은 유지하지 못할 것이다. 다소 틀린 학설을 주장한다 해도 기껏해야 대학에서 쫓겨날까 말까 하는 정도에 그치기 때문이다. 이것은 철학으로 먹고 사는 자로서 다행일까 불행일까? 조선에서는 철학논문에서 '성(性)'을 '심(心)'으로 단지 글자 하나만 바꾸려 해도, 곧바로 '사문난적'(斯文亂賊. 유교의 정통을 문란하게 하는 도적)이라는 낙인이 찍혀, 엄청난 고통과 죽음으로 대가를 치르고 권력을 잃었다. 오늘날의 철학자에게 철학은 먹고사는 수단이지만, 조선에서는 먹고사는 원천이었던 것이다.

12. 리(理) 신앙

조선인은 확실히 교조적(敎條的)이었지만 그것은 혁명성이라는 이면을 간직한 교조성이었다. '리'의 중추로부터 배제되는 쪽은 '리'를 장악하는 쪽에 의해 가혹하게 지배되지 않으면 안 된다. 그렇기 때문에 전자 중에는 항상 새로운 강력한 '리'를 전격적으로 도입함으로써, 후자를 단번에 쓰러뜨리려고 하는 세력이 존재한다. 여기에 이 민족의 낙천성이 있다. 즉 세계를 완벽하게 설명할 수 있는 도덕 이념을 손에 넣기만 하면 권력과 부가 동시에 굴러들어 온다고 하는 여유 있는 '리' 신앙이, 이 민족에게는 존재하는 것이다.

그래서 이 민족에게 반(反)체제는 있어도 반(反)리나 반(反)철학, 반(反)도덕은 없다. 어디까지나 '리'의 쟁탈전이다. 기존의 '리'를 놓고 싸울까, 아니면 새로운 '리'로 낡은 '리'를 일소할까의 차이일 뿐, 쟁점은 언제나 도덕이다. 아무리 일상생활의 사사로운 일로 싸우고 있는 것처럼 보여도, 사실 그것은 〈천리=도덕규범〉이라는 관계를 논하고 있는 것이다. 일상생활의 일거수일투족이 실로 천리(天理)와 직결되어 있지 않으면 안 된다. 그것을 규정한 것이 예(禮)이다. 일본인이 "오로지 한 곳에 목숨을 건다(一所懸命)"고 한다면, 한국인은 "오로지 하나의 리에 목숨을 건다(一理懸命)."

13. 위기의식과 리(理) 지향성

한국인이 강력한 〈도덕 지향성=리(理) 지향성〉을 갖게 된 이유 중의 하나로 지정학적 위치를 들 수 있다. 주위가 대국(大國)으로 둘러싸여 있어 항상 위태로운 상황에 처하게 될지 모른다는 강렬한 자각을 하고 있는 한국은, '힘'에 대항하기보다는 도덕으로 무장하는 길을 택할 수밖에 없었다. 중국 역사상 가장 도덕 지향성을 고양시킨 사상인 주자학(朱子學)은, 남송(南宋)이 북방의 금(金)의 압력을 받고 있는 상황에서 위기의식의 결정체로서 주희(朱熹. 1130-1200)가 승화시킨 것이다. 조선 시대의 유학 역시 위기의식 때문에 주자학 일변도가 되었다. 그렇다고는 해도 조선의 전반기에는 아직 비교적 여유가 있었다. 양명학에 대한 탄압도 후대만큼 가혹하지는 않았다.

그러나 왜(倭)의 도요토미 히데요시(豊臣秀吉. 1537-1598)와 여진(女眞)의 누르하치(청 태조. 1559-1626)에 의한 침략을 계기로, 거기에 명(明)의 멸망도 한몫하여, 조선의 위기의식은 갑자기 고조되었다. 이후 조선 사상계도 극도로 경직되어 간다. 일본과 같은 '적'의 존재가 조선의 '리' 지향성을 고조시킨 것이다. '리'의 원천에 대해서는 그 원천보다도 더욱 '리'의 순도를 높임으로써, 그리고 '리'적 위계질서의 하위자에 대해서는 상대의 '리'의 불결함을 공격함으로써 자신의 우위를 유지하려는 것이 한국의 전통적인 전략이다.

14. 리(理)의 변천

조선 왕조가 존속하고 있던 때에는 '리'의 근거가 정당하였다. 그것은 하늘, 그리고 하늘과 소통하는 왕에 의해 근거지워져 있었다. 그러다가 "오랑캐인 여진(女眞)이 세운 청나라에는 '리'의 근거가 없고, 명(明)이라는 중화의 정통을 계승한 것은 청이 아니라 조선이다, 따라서 이제는 조선이야말로 중화이다"라는 논리를 만든 후에는, 마침내 중화라고 하는 '리'의 정통적인 근원까지 손에 넣었다[215쪽].

그러나 조선 왕조가 멸망한 후에는 '리'의 근거가 갑자기 사라지게 된다. 대일본제국에 의한 '리'나 군사독재 정권에 의한 '리'는, 모두 논리적 정합성에 문제가 있고, 도덕이나 이상이라는 관점에서도 무리투성이인 사이비 '리'로 여겨졌다. 당연히 반체제 측은 언제나 그 비리(非理)와 불합리를 공격하는 노선을 전개했다.

또한 북한에서는 김일성(1912-1994)에 의한 '리'의 정통성과 정당성을 오늘날까지 부지런히 구축해 왔다. 이 정도의 철학성이라면 이 민족에게는 식은 죽 먹기다. 주자학의 후예들이 기뻐하며 '리'의 체계를 구축해 나간 모습이 눈에 선하다. 1997년에 북한에서 한국으로 망명한 황장엽(1923-2010)은 이 이데올로기를 만들어 낸 중심인물이었다. 그가 '주체사상'이라는 김일성의 생각을 철학화하기 시작한 것은 1970년무렵의 일이다.

15. 한국과 일본의 리(理)의 형태

일본은 메이지시대에 이르러서야 뒤늦게 유교 국가의 형성을 꾀했다[19쪽]. 이퇴계(1501-1570) 등의 조선 주자학의 영향을 깊게 받은 『교육칙어(敎育勅語)』 등의 메이지 이념이 역으로 조선을 식민지화하고 지배해 가는 과정은, 장렬한 '리'의 사투(死鬪) 양상을 띤다. 마치 거대한 '리'라는 이무기가 자기 꼬리를 물고 몸부림치는 것 같다. 그리고 제2차 세계대전 후의 일본에서는 좌우 이데올로기 투쟁이 전개된다.

그러나 그와 같은 '리'의 사투가 한창인 때에도 일본에서는 엄청난 수의 특수한 폐쇄적 동호회가 사회에 잘 보존되어, 각 동호회 안에서만 통용되는 〈문화=리〉가 보장되었다. 무슨 류의 꽃꽂이, 무슨 브랜드의 기업군(群)과 같이 그 동호회 내에서만 사용하는 말이나 기호 등을 견지하고 있는 것은 볼 만할 정도이다. 그것들은 보편이 아니라 특수인데, 특수가 '리'를 갖는 것은 명백한 모순이다. 정치적 권력과 문화적 권위라는 이중 구조가 이 모순을 가능하게 했다고도 할 수 있다. 다만 권위와 권력이 강력하게 일원화될 때에는 이 특수는 위태롭게 된다.

조선은 역사상 줄곧 위태로웠다. 이것이 '리'가 항상 거대한 통반석과 같았던 이유이다. 조선에는 몇몇 당파들이 존재했지만 그들은 항상 〈보편=리〉라는 통반석을 내걸고서 권력 쟁탈 투쟁을 했다. 〈특수=기(氣)〉를 내세우는 무모함은 허용되지 않았다.

16. 형이상학적인 한국으로 드디어 출발!

비행기로 날아가면 동경에서 두 시간, 후쿠오카(福岡)에서 가면 겨우 수십 분밖에 안 되는 거리에 있는 이 반도. 매년 수백만 명의 일본인이 다녀가는 이 나라. 그것은 미지의 세계이다. 너무나도 미지의 세계여서 놀랄 정도이다. 이 나라에서 쓰는 말은 한국어를 습득하는 것만으로는 결코 이해할 수 없다. 왜냐하면 그것들은 특별한 역사적 배경을 지닌 형이상학적인 말들이기 때문이다. 보고 접하고 듣는 한국의 더 깊은 내부를 알고 싶다. 좀 더 고차원적인 한국으로 들어가고 싶다. 그 바람은 표면적인 교류가 빈번해지면 빈번해질수록 더더욱 커진다. 그리고 마침내 우리는 이제 한국이라는 신비로운 철학 세계에 진입하려 한다. 부디 마음껏 그 깊이 있는 세계에 빠져들기 바란다.

들어가기 전에 한 가지만 언급해 두겠다. 이 책에서는 한국 사회의 사상적인 '구조'만 언급한다. 이른바 학교의 실험실에 있는 인체의 뼈대 같은 것이다. 살을 붙이기 위한 인용이나 설명은 거의 생략했다. 그 때문에 읽기 어려울지도 모른다. 그러나 한국의 '구조'를 조망하기에는 좋다. 한국을 여행하면서, 한국인과 얘기하면서, '왜 이렇지?'라고 의아하게 생각할 때가 있을 것이다. 이에 대한 대답의 전모가 이 작은 책 속에 들어 있다.

17. 약간의 범례

한국에는 한국사를 관통하는 민족 · 국가 · 지역의 호칭이 없다. 즉 송이나 명 혹은 청을 관통하는 중국, 가마쿠라(鎌倉)시대나 무로마치(室町)시대 혹은 에도(江戶)시대를 관통하는 '일본'과 같은 호칭이 없다. 그래서 이 책에서는 편의상, 전 역사를 관통하는 호칭으로 '한국'이라는 명칭을 사용하기로 한다.

단 개별적인 국가 · 왕조 등에 관한 사항을 나타내는 경우에는, 그것의 고유명사를 사용했다. 가령 조선 시대나 일본 식민지 시대에 관한 것은 '조선'으로 표기하는 식으로 했다. 또 대한민국은 '한국'이라고 하고, 조선민주주의인민공화국은 '북한'이라고 했다.

'조선 시대'라고 할 때에는 조선왕조 시대(1392-1910)를 말하는데, 여기에는 대한제국 시대(1897-1910)도 포함된다. '이조(李朝)'나 '이씨조선(李氏朝鮮)'이란 말은 쓰지 않는다.

서술해 가는 가운데 다른 항목과 관련되는 부분이 있는 경우에는 괄호안에 해당 쪽수를 명시하였다. 참조하면 이해가 깊어질 것이다.

기존의 설을 인용하는 경우에 그 설의 발표자는 [   ]로, 서명은 『   』로 표시했다. 지면의 제한 때문에 등장하는 용어나 고유명사의 설명은 생략하든가 최소한으로 했다. 이 점은 약간 불친절할지도 모른다. 이해해주기 바란다.

2장

상승을 향한 열망

- '리' 지향성의 구조

1. 리(理)와 기(氣)의 구조

1) '리'는 도덕성이다

조선 시대의 주자학적 인간관·자연관은 '리'와 '기'로 설명된다. 먼저 번거롭지만 이 용어를 확실히 이해해 주었으면 한다. '리'란 오늘날로 말하면, 진리·원리·윤리·논리·심리·생리·물리 등의 총칭이다. 이것은 '리'가 근대에 들어서 서구의 영향을 받아 분쇄되고 세분화된 결과인데, 그 이전에는 찬연히 일체화된 빛나는 하나의 '리'였다.

그것은 보편적인 규범이자 도덕성이었다. 그래서 전통적인 심리학이나 물리학은 도덕 지향적인 것이어서 서양 근대의 그것들과는 전혀 다른 것임은 말할 필요도 없다.

'리'는 천리(天理)로서 유일하고 순선(純善)하며, 모든 존재는 하늘(天)로부터 '리'를 부여받고 있다. 주자학은 '성리학'이라고도 불리는데, 여기에서는 인간의 성(性, 생물학적 성(sex) 혹은 사회적 성(gender)이 아니라 하늘로부터 부여받은 인간의 본성을 말함)은 원래 '리'라고 본다. 즉 도덕적으로 완벽한 선이라고 하는 성선설(性善說)의 철학이다.

2) '기'는 물질성이다

'기'는 지금으로 말하면 물질성이다. 모든 사물은 '기'로 이루어져 있다. 나무나 물, 산이나 동물도 모두 '기'로 이루어져 있다. 생물은 '기'가 응결되면 태어나고 흩어지면 죽는다. '기'는 크게 말하면 하나(一氣)이지만, 음과 양의 두 기로 나누어지기도 하고, 나무(木)·불(火)·흙(土)·쇠(金)·물(水)의 오행(五行)으로 나누어지기도 한다. 이것들은 각각 다른 것이 아니라, 언급되는 차원의 차이에 의한 것에 불과하다. 옛날부터 '기'의 형태에 관해서는, 나눌 수 없는 원자(아톰)와 같은 것·가스와 같은 것·에테르와 같은 것 등의 여러 설이 있다.

'기'를 서양 개념으로 나타내면 어떻게 될까? 옛날부터 여러 번 역이 시도되었다. 영어로는 breath·air·vapour·stream·vital fluid·temperature·energy·anger 등이 있지만, 가장 일반적인 것은 ether(에테르)·material force(물질적 힘)·vital force(생명적 힘) 등이다[후쿠이 후미마사(福井文雅), 「서양 문헌에 있어서 '기'의 번역어」(『기의 사상』*)]. 우주에 충만하여 운동하는 유기체적 생명력이자 모든 물질의 기초, 그것이 바로 '기'이다. '리'는 형이상학적 원리이고 '기'는 형이하학적 재료이다. 따라서 인간도 '리'와 '기'가 합쳐져서 이루어진다. 인간의 육체는 '기'이고 인간으로서의 도덕성은 '리'이다.

* 小野澤精一 외 편, 전경진 역, 『기의 사상』(익산: 원광대학교출판부, 1987)

3) 성선설과 리기

주자학은 성선설의 철학이다. 그것은 "모든 인간은 본래 하늘로부터 100%의 '리'를 부여받았고, 따라서 모든 인간은 원래 100% 도덕적이고 선하다"라는 생각이다(33쪽). 그렇다면 왜 악한 인간이 있는 것일까? 주자학에서는 그것을 '기'의 탓이라고 본다. 주자에 의하면 '기'에는 정(精. 순수)한 것과 조(粗. 조잡)한 것이 있다. 정(精)에는 정(正. 치우치지 않음)과 통(通. 막혀 있지 않음)이, 조(粗)에는 편(偏. 치우침)과 색(塞. 막혀 있음)이 있고, 또한 정(正)에는 미(美. 아름다움)와 오(惡. 추함)가, 통(通)에는 청(淸. 맑음)과 탁(濁. 탁함)이 있다고 한다. '기'의 이러한 성질들의 조합에 의한 천차만별의 다양성이 만물의 다양성을 낳는다. 인간은 정(精)·정(正)·통(通)의 '기'를 부여받았기 때문에, 조(粗)·편(偏)의 '기'를 부여받은 오랑캐(夷狄)나 조(粗)·편(偏)·색(塞)의 '기'를 부여받은 동물보다도 영성(靈性)을 구비하여 높은 위치에 있다. 단, 같은 인간이라도 미(美)·청(淸)의 '기', 미(美)·탁(濁)의 '기', 악(惡)·청(淸)의 '기', 악(惡)·탁(濁)의 '기' 등으로 각각 부여받은 '기'가 다르다. 여기에 성인이나 현인 또는 악인의 차이, 한 사람 한 사람의 성질의 차이가 있는 것이다. 즉 '기'에는 '좋은 기'(맑은 기)와 '좋지 않은 기'(악한 기)가 있다. '맑은 기'는 원래의 '리'를 있는 그대로 드러내지만 '탁한 기'는 '리'를 흐리게 한다. 이 중에서 '리'가 흐려진 자가 바로 나쁜 사람이라는 것이다.(편의상 전자를 '맑은 기', 후자를 '탁한 기'로 부르기로 함.)

4) 선과 악

성은 리이고, 리는 도덕성이고, 도덕성은 선이다(性=理=道德性=善). 그러나 〈리=도덕성〉만으로는 인간은 성립하지 않는다. 왜냐하면 인간은 〈리=도덕성〉과 〈기=육체성〉이 하나로 된 존재이기 때문이다[34쪽]. 본래적으로 천리 그 자체인 성을 '본연지성(本然之性)'이라고 하고, '기' 속에 내려와 있는 현실적인 성을 '기질지성(氣質之性)'이라고 한다. 여기에서 '탁한 기'에 의해 '리'가 흐려지면 본래의 선이 100% 발현되지 못하게 된다. 성선설인 주자학에서 '악'이란, '리'가 '기'에 의해 흐려져서 발현되지 못하는 상태를 말한다[35쪽]. 즉 악은 실체로서 존재하는 것이 아니다.

성리학자들은 이것을 설명할 때 물의 비유를 즐겨 사용한다. 물은 본래 맑은데, 상류에서 깨끗한 강물을 흘려 보내면 물의 맑음이 그대로 드러나지만 더러운 강물을 내보내면 물은 탁해져 버린다. 이처럼 물이 탁해진 상태가 악이다. 또한 맑은 물을 깨끗한 그릇에 담으면 맑은 상태 그대로 있지만, 더러운 그릇에 담으면 탁해진다. 이 탁한 상태가 바로 악이다.

이와 같이 악이란, 선과 길항(拮抗)하는 실체가 아니라, 본래의 선이 조화를 잃어버린 상태이다. 그렇기 때문에 '과불급(過不及)', 즉 지나침과 모자람이 바로 악이 된다.

5) 선을 향한 극기

'탁한 기' 때문에 '리'가 온전히 발현될 수 없는 자는 사회적으로도 하층민으로 간주된다. '맑은 기'에 의해 '리'를 발현하는 자는 사회적으로도 상층에 있다고 본다. 상층은 선이고 하층은 악이다. 그러나 선과 악은 격리되어 있는 것이 아니다. 악은 영원히 악인 것이 아니라 언제든지 선이 될 수 있다. 그것은 '탁한 기'를 맑게 하면 되는 것이다. 강물의 맑고 탁한 정도는 천차만별이지만 물 자체는 원래 맑기 때문이다. 즉 '탁한 기'도 노력하여 갈고 닦으면 맑게 할 수 있고, 그러면 본래의 선인(善人)으로 되돌아갈 수 있다. 이 노력을 극기(克己)나 수양(修養)이라고 한다. 나아가서는 '기'를 극한까지 맑게 함으로써 최고의 인간인 성인이 될 수도 있다. 이것은 주자학의 획기적인 테제였다.

이와 같은 인간관에 기초하여 움직여지는 한국 사회, 혹은 좀 더 넓게 유교 사회는 낙천적이다. 그곳에서는 불교조차 낙천적이다. 원래 허무주의의 궁극인 연기설(緣起說)을 중심으로 하는 불교가, '대승(大乘)'이라는 운동을 거쳐 지극히 자기긍정적·현실긍정적인 것으로 변질되고, 중국인이 그것을 계승한다. 그래서 유행한 여래장(如來藏)사상이나 불성설(佛性說)은, 원래의 불교와는 완전히 다른 것이다[松本史朗, 『緣起と空:如來藏思想批判』, 大藏出版, 1989]. 그것은 오히려 낙천적인 성선설에 가깝다. 그렇다면 이 성선설적 사회에서 인간관계는 어떠한 구조로 되어 있을까?

2. 인간관계의 구조

1) 일상 공간의 인간관계

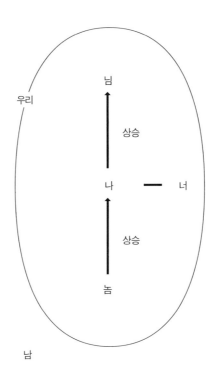

2) 나와 너

한국 사회의 일상 공간의 인간관계의 구조를 앞의 그림과 같이 나타낼 수 있다. 이것은 지금까지 보아 온 〈도덕 지향성=리(理) 지향성〉에 기초한 사상적인 인간관계도(圖)이다. 이 그림에서 주의하지 않으면 안 되는 것은 '님'이나 '놈'은 2인칭이 아니라는 것이다.

우선 '나'는 우주의 중심이다. 유교는 기본적으로 자기부정의 철학이 아니기 때문에, '나'에 대한 긍정은 두드러지게 강하다. 다음으로 '너'는 '나'와 대등한 관계에 있는 인간이다. '너'라는 말은 본래는 자신과 대등하거나 손아랫 사람에 대한 2인칭이지만, 이 책에서는 이것을 '나'와 대등한 사람으로서 사상적으로 위치 지워 사용하기로 한다.

대등한 관계를 유지할 수 있는 상대는 이 사회에서 많지 않다. 'you'라는 2인칭을 편하게 광범위한 인간관계에 사용할 수 있고 대등하게 말할 수 있는 사회와는 명백하게 다르다.

'너'의 가장 중요한 기준은 나이가 같은 것으로, 학창 시절의 농창생 등이 전형적인 '너'가 된다. '나'와 '너' 사이에는 '반말'을 사용한다.

3) 님

'님'이란 자신이 존경할 만한 윗사람을 부를 때 쓰는 말이다. 또 '주인(主)'·'임금(君)'·'사랑하는 사람'과 같이 '사모하는 사람'을 의미하는 말이기도 하다. 한자로는 '主'에 해당한다. 하지만 이것은 윗사람에 대한 2인칭은 아니다.

임금님(王)·나랏님(國王)·선생님·부모님·형님·사장님·부장님·선배님·사모님 등으로 쓰며, 일본어로는 '~사마(樣)'로 번역하는 것이 보통이다. 센세사마(先生樣)·샤초사마(社長樣)·니사마(兄樣)·센빠이사마(先輩樣) 등등. 윗사람을 일본식으로 샤초(社長)!·센세이(先生)! 등으로 불러서는 결코 안 된다. 반드시 '님'을 붙여야 한다.

그뿐만이 아니다. 한국인은 이 '님'을 1인칭으로도 사용한다. 교사가 학생들에게 "선생님은 그렇게 생각하지 않아요"라고 하거나, 목사가 신자에게 "목사님이 어렸을 때에는…"라는 식으로 말한다.

'님'이라고 부르는 상대에 대해서는 물론 존경어를 사용하지 않으면 안 된다. 일상생활에서는 나이·지위·신분 등이 자신보다 위인 사람에게 사용하지만, 철학적으로는 본래 '님'을 붙이는 상대는 자신보다 '리'를 더 많이 체현하고 있는 사람이라는 의미를 지닌다.

4) 놈

'놈'이란 경멸할 만한 상대에게 사용하는 말이다. 한자로는 '奴'에 해당한다. 하지만 아랫사람에 대한 2인칭은 아니다. 이놈!·나쁜 놈·무식한 놈·무례한 놈 등으로 사용한다. 일본어로는 '야츠(奴)'로 번역되는 것이 보통이다. '놈'이란 본래 자신보다도 도덕적으로 열등한 인간을 가리킨다. 즉 '놈'이란, '탁한 기'에 의해서 〈리=도덕성〉이 흐려져서 조금밖에 나타나지 않는 인간을 가리킨다. 그것은 조화로운 이상 상태가 흐트러진 '과불급(過不及)'[36쪽]의 존재이기도 하다.

'놈'이라고 부르는 상대에게는 '반말'을 사용한다. '놈'에는 '사랑의 놈'과 '증오의 놈'이 있다. 전자는 아이나 부하나 후배와 같은 아랫사람에 대해서 사용한다. 이들은 '리'가 다소 흐려지기는 했지만 잘 보살펴 주면 장차 '리'를 빛나게 할 수 있는 잠재력이 있는 자로서, 애정을 담아서 '놈'이라고 부르는 것이다. 이에 반해 후자는, 도덕성이 떨어지는 사악한 존재로 경멸할 때 사용하는 '놈'이다.

'놈'보다 더 아래에 위치하는 인간을 종종 '것'이라고 부른다. 여기에는 이미 인간이 아니라 사물(物)의 영역에 들어가 있는, 내려다보아야 하는 존재라는 함의가 있다.

5) 우리

'우리'란 '우리들'이라는 의미이다. 이것은 한국인의 일상 회화에서 가장 자주 듣는 단어 중의 하나다. '우리'는 '나'를 중심으로 너·님·놈을 포함할 수 있다. '우리'의 범위는 자유자재로 늘리고 좁힐 수 있다. 여기에 '우리'의 전략적인 강점이 있다. '우리'가 가장 빈번하게 사용되는 외연(外延)은 '한국인'이다. "우리 한국인은…"·"우리는 문화국민…"·"우리 경제는…" 등으로 사용된다.

화자가 누군가에게 말하고 있을 때에는 대화하는 두 사람만으로 '우리'가 성립한다. 이것이 '우리'의 최소 단위이다. 최대 단위는 오늘날 '지구시민'으로까지 확장될 수 있다. '우리'는 한국인이 고향처럼 안식할 수 있는 마음의 공동체이다. 또한 그것은 한국의 내셔널리즘과 강하게 연결되어 있다.

그래서 한국에서는 '우리' 속에 북한을 넣을지 말지를 둘러싸고 격렬하게 대립하는 중이다. '우리' 속에 북한을 넣지 않으면, 그 내셔널리즘은 '대한민국'이라는 국민국가에 대해서만 발양된다. '우리' 속에 북한을 넣으면, 그 내셔널리즘은 국가라기보다는 오히려 민족에 관한 것이 된다. '우리'의 지나친 강조가 배타적으로 작용하는 것을 반성하는 '우리주의' 비판도 때때로 듣게 된다. 그러나 배타적인 '우리' 없이 '한국인'이 성립할 수 있는지는 커다란 의문이다.

6) 남

'남'이란 '우리'가 아닌 사람들이다. '나'와 무관한 사람이 '남'이다. '남'은 때때로 '나'에게는 보이지 않고 들리지 않는 존재이다. "남이야 죽든 말든"이라는 말이 있듯이, 한국의 전통 사회에서는 '남'에 대해서 대개 무관심하였다.

그러나 이 무관심은 "남이야 죽든 말든"이라는 말에서 엿볼 수 있듯이 다분히 의식적이고 의지적인 무관심이기도 하였다. 그것은 혈연에 의한 '우리'만이 극도로 중요시된 데 대한 반동의 무관심이다. 거기에는 낯선 타인에 대한 불신이 자리잡고 있다. '남'이 자신과 어떤 관계를 맺으려 하지만 자신은 그 '남'을 '우리'의 일원에 끼워 주고 싶지 않다. 이 경우에 '외면'이라는 행위를 선택한다.

국민국가를 형성하는 데 있어 '남'에 대한 의식적 무관심과 불신은 큰 장애였다. 그래서 한국에서는 근대화와 병행해서 '국민으로서의 우리'를 응결시키기 위해서 "뭉치면 살고 흩어지면 죽는다"와 같은 성신 개혁 운동을 계속해서 강력하게 추진한 것이다. 이것은 개체의 차원에서 '기'가 응집하면 살고 흩어지면 죽는다[34쪽]고 하는 '리'를, 국민 차원으로 확장시켜 만들어 낸 말이다.

7) '우리' 공동체와 예의

'우리' 공동체에서는 예의가 중시된다. 한국인이 부모나 선생 앞에서 예의 바른 행위를 하는 것은, 그것이 우리 공동체 속의 상하 관계이기 때문이다. 예의는, 아랫사람이 윗사람에 대해서 행하지 않으면 안 될 뿐만 아니라, 윗사람도 아랫사람에 대해서 지키지 않으면 안 된다. 윗사람이 아랫사람에게 권위적인 태도를 취하는 것도 유교 사회에서는 〈훌륭한 예의=질서〉이다.

그러나 우리 공동체의 밖, 즉 '남'에 대해서는 〈예의=질서〉가 성립하지 않는다. 어떤 한국인이 길이나 전철 안에서 다른 사람의 발을 밟아도 모른 척한다면 다른 사람은 '남'이기 때문에 예의를 적용해서는 안 된다고 판단했다는 뜻이다. 예의를 적용하는 순간 '남'은 '우리'의 일원이 되어버리기 때문이다.

이것은 실로 순간적으로 성립하는 것이다. 예를 들면 전철 안에 앉아 있는 젊은이가 할머니가 타는 것을 보면 순간적으로 일어나서 자리를 양보한다. 이것은 서 있는 노인이나 임산부, 갓난아이를 안고 있는 여성, 짐을 든 사람 등은 언제 어떤 상황에서도 '남'이 아니라 '우리'의 영역에 넣지 않으면 안 된다는 사회적인 각인이 있기 때문이다.

8) '말'과 '소리'와 '말씀'

한국 사회의 인간관계 구조를 질서 지우는 것으로써 '말'의 역할은 지대하다. 대단히 질서 지워진 존경어와 반말의 존재는 한국말의 특징 중의 하나이다.

'나'가 '님'에게 존경어를 사용하지 않으면, '나'는 우리공동체의 질서 파괴자로서 곧바로 부정된다. 이때 '나'는 '것'으로까지 전락할 수 있다. 반대로 '나'가 '놈'에게 존경어를 사용해도, '나'는 우리공동체의 질서 파괴자로서 곧바로 부정될 수 있다. 혹은 무슨 헛소리(狂言)를 하는 것으로 받아들여질 것이다.

'리'가 흐려진 자, 즉 '놈'이 내뱉는 말은 자주 '말'이 아니라 '소리'로 전락한다. "이놈, 무슨 '소리'를 하는 거야!" '소리'란 〈말=질서〉가 되지 않는 음성이라는 의미이다. 금수가 발산하는 울부짖는 음성도 '소리'이고, 천시되는 소리꾼의 노래도 '소리'로 불린다.

어떤 음성이 '리'를 이루지 못할 때에는 "말도 되지 않는다"고 부정된다. '말'은 코스모스(질서)이고 '소리'는 카오스(혼돈)이다. 또한 '리'의 체현자, 즉 '님'이 하는 말은 '말'이 아니라 '말씀'이라고 한다. '말씀'은 절대적인 지배력을 갖는다. '말씀'을 업신여기고 어기고 거역하고 거절하고 부정하는 것은 전혀 허용되지 않는다.

3. 상승 지향의 구조

1) 상승 지향

'님-나-놈'의 수직적 질서 자체는 불변이지만, 구체적인 인간관계에서는 이 상하질서가 결코 고정적인 것이 아니다. 여기에 성선설에 기초한 사회의 특징이 있다.

이 사회에서는 성선설에 의해, '님'에게도 '나'에게도 '놈'에게도 원래는 똑같이 〈리=도덕성〉이 100% 부여되어 있다. 단지 기가 탁한 자가 '놈'이고 기가 맑은 자가 '님'일 뿐이다. 극기를 통해 '기'를 잘 제어하여 맑게 하기만 하면 누구라도 '리'를 온전히 발현할 수 있고, '놈' 역시 '님'으로 상승할 수 있다. 따라서 '놈'에게도 희망은 있는 것이다.

성선설은 어디까지나 상승 지향의 철학이다. 성선설의 사회가 낙천적인 사회라는 점은 앞에서 서술하였다[37쪽]. 이 낙천성을 놓쳐서는 결코 안 된다. 상승이 허용되지 않는 인도와 같은 비관적 사회사상과는 근본적으로 다른 것이다. 한국 사회에서 사람의 일생이란, '님'이 되고자 하는 끊임없는 노력과 극기의 지속이다. 이것이 유교 사회의 내재적 원동력 중의 하나이다.

2) 과거(科擧)

이 상승형 성선설을 사회제도적으로 뒷받침한 것이 '과거'라는 장치였다. 원리적으로 과거는 누구든지 〈공부=극기〉하여 합격하기만 하면 중앙 관료가 되어 국가를 운영할 수 있다고 하는 장대(壯大)한 상승 지향형 사회 장치였다. 물론 제도적·현실적으로는 모든 사람이 다 과거 시험을 볼 수 있는 것은 아니었다. 서자(庶子)·중죄인의 자손·여성과 같이 과거 응시 자격이 없었던 이들도 많았다. 특히 조선에서는 중국에 비해, 특정 지역이나 족벌이 과거 합격자를 잠식하거나 독점하는 경향이 현저하였다.

그러나 원리적으로는 시골의 어떤 가난뱅이 서생일지라도 각고의 노력을 하여 도덕철학을 자기화해서 과거에 붙으면 단번에 권력과 부를 손에 넣을 수 있었다. 이와 같은 역동성이 사람들의 뇌리에 각인되어 있다는 점이 중요하다. 문과(무과보다도 중요)에 급제한 자는 조선시대 전체를 통틀이 15,547명이다. 합격자 중 최연소는 14세이고 최고령은 82세이며, 20대에 지금의 장관에 해당하는 판서(判書)가 된 자도 있다. 전적으로 신분이 세습되는 사회와는 달리, 수백 년에 걸쳐 상승에 대한 동경이 사람들 사이에 강하게 뿌리내린 것은 틀림없다. 일본에서 이 제도를 모방하여 문관고등시험을 실시한 것은 메이지 시대 이후의 일이다.

3) 장원(壯元)

조선에는 자기를 상승시키기 위한 사다리가 있었다. 그러나 사다리는 과거라는 하나의 수단밖에 없었다. 과거에 수석으로 합격한 자를 '장원'이라고 한다. 장원이야말로 조선에서 가장 빛나는 영광으로 둘러싸인 존재였다. 예를 들면, 열세 살 때 진사초시(進士初試)에 장원급제한 이래 아홉 차례 과거를 봐서 아홉 차례 장원이 된 이율곡(1536-1584)은 한국 역사상 최고의 준재로 여겨지고 지금도 깊이 존경받고 있다. 그의 어머니로서 시문(詩文)·그림·자수 등을 잘한 신사임당(1504-1551)은 교양이 넘치는 이상적인 어머니의 최고 모범으로 여겨진다. 맹자의 어머니보다도 이미지가 선명하다.

장원 숭배 전통은 지금도 남아 있어, 서울대학교에 수석으로 합격한 학생은 매스컴에서 영웅처럼 갈채받고, 수석을 배출한 마을 사람들은 밤새 춤을 추며 놀기도 한다. 오늘날의 장원은 해외에 진출한다. 하버드대학이나 MIT와 같은 외국의 일류 대학을 수석으로 졸업한 학생과 그 어머니가 매스컴에서 스타 대접을 받는다. 이런 아들딸들이 많이 배출된다. 무엇이든 수석·톱은 칭찬 받고, 역으로 수석·톱이 아니면 평범한 사람이다. 2위나 3위가 높게 평가받는 일은 거의 없다. 이와 같은 인물 평가의 원형이 '리' 지향성과 그것을 지탱하는 과거라는 시스템에 있음은 명백하다.

4) 장원과 일본최고

장원 개념과 비슷하면서도 다른 것이 '일본최고(日本一)'라는 개념이다. 일본최고가 일본에 한 사람밖에 없다고 생각하면 오산이다. 우동을 만들든 만두를 빚든 그 맛이 최고이면 일본최고가 된다. 즉 일본최고는 일본 전역에 무수히 존재할 수 있는 것이다. 더 중요한 것은 뭔가 새로운 분야를 개척하여 최고의 경지에 도달하면 그것으로 일본최고가 된다는 사실이다. 즉 일본최고는 세계를 분절하는 방법에 의해 무수히 늘어날 가능성이 항상 있다. 이것이 일본 자본주의 발달의 비밀 중의 하나였다.

그에 비해 장원은 조선에 단 한 사람밖에 없다. 상승의 사다리가 하나밖에 없는 것이다. 그러나 그것은 역사 속에서 복수성을 획득한다. 과거가 행해질 때마다 완벽한 도덕철학을 체현한 새로운 장원이 혜성처럼 등장하기 때문이다. 일본최고는 이념부터 〈자유로운 창의성 개발과 시간의 연속성=신용〉을 중시하고, 장원은 〈도덕적 이념에 귀의하는 수재성과 시간의 단절성=치열한 정쟁(政爭)〉을 중시한다. 일본은 메이지 이후에 장원의 가치관을, 한국은 경제개발 시기 특히 후기자본주의 시기에 일본최고의 가치관을 각각 받아들여 자국(自國)을 개조했다. 그 결과 오늘날 한국의 '님'은 상당히 다양해졌다[201-210쪽].

5) 동경 · 슬픔으로서의 한

한국인에게 '한'이라는 정서가 있는 것은 유명하다. 한자로는 '恨' 이라고 쓴다. 그러나 '한'이라는 한국어에 가장 잘 들어맞는 일본어는 〈아코가레(あこがれ)=동경〉이다. 물론 '한'에는 〈우라미(恨み)=원한〉 이라는 의미가 있지만, 단순한 원한이 아니라 거기에는 동경이 뒷받 침되고 있다.

그렇다면 무엇에 대한 동경인가? 바로 '리'를 체현하고 싶다는 동경 이다. '리'의 체현자는 '님'이기 때문에, '한'이란 '님'으로 상승하고 싶은 끝없는 동경이다. 한국어에는 '아코가레'에 해당하는 한글이 없다. 대 신 '동경(憧憬)'이라는 한자어를 사용하고 있다. 그것은 '한'이라는 말 이 '아코가레'라는 의미를 담고 있기 때문이다. 그리고 '한'은 상승에 대한 동경임과 동시에 그 동경이 어떠한 장애에 의해 좌절되었다는 슬픔 · 억울함 · 아픔 · 맺힘 · 고통의 느낌이기도 하다.

사장님이 된다, 박사님이 된다, 선생님이 된다와 같이 갖가지 '님'이 되려고 한국인은 맹렬하게 분투한다. 그러나 개인의 자질이나 환경 탓으로 어떻게 해도 상승할 수 없는, '리'를 체현할 수 없는, '님'이 될 수 없는 불행한 사태가 자주 발생한다. 이때 한국인은 "아이고!"라며 한탄한다. 한국인이 말하는 '한'이란 바로 이런 때 작동하는 정서이다.

6) 한을 푸는 것은 동경을 푸는 것

한국인의 '한'의 세계를 남김없이 그린 영화 〈서편제〉에서 소리꾼인 아버지는 데려다 키운 딸에게 '한'을 품게 하여 딸의 소리를 진짜 소리로 만들려고 약을 먹여 딸의 눈을 멀게 한다. 그리고 "너의 〈한=빛에 대한 동경〉을 소리에 실을 수 있게 되었다"며 기뻐한다. 딸에게는 배다른 동생이 있다. 동생은 떠돌이 소리꾼 생활과 아버지를 증오하여, 어느 날 아버지와 누나 곁을 떠나게 되는데, 그 후 긴 세월이 지나고 영화의 마지막 부분에서 누나와 재회하게 된다. 아버지는 이미 죽고 누나는 외딴 동네의 주막을 전전하면서 소리를 생계 수단으로 삼아 어둠 속에 살고 있다. 누나와 동생은 서로의 이름도 밝히지 않고 하룻밤 마음껏 소리를 하고 그대로 헤어진다. 누나와 같이 살던 남자가 이것을 의아하게 생각하여 왜 미련 없이 동생을 떠나보냈냐고 묻자, 누나는 "한을 다치고 싶지 않아서"라고 대답한다. 남자가 "당신의 한은 그렇게 깊소?"라고 묻자, "우리는 어젯밤 한을 풀었습니다"라고 대답한다. 여기에서 그려지는 것은 '증오'도 아니고 특정 대상을 향한 '원한'도 아니다.

〈한=정상적인 삶에 대한 동경과 억울함〉 위에 자신의 소리가 성립하고 있기 때문에, 이것을 상처받고 싶지는 않다. 그러나 넘치는 애정의 분출을 동생과 주고받고 싶다는 〈한=동경〉은, 둘이서 소리를 같이 함으로써 아름답게 풀릴 수 있었다.

7) 한과 원한

'한'에는 상대를 원망하고 증오하는 마음의 작용도 확실히 존재한다. 그러나 그것은 상대로부터 벗어나고 상대를 지우려고 하는 '분리'의 감정이 아니다. '한'이란 '리'와 하나되려는 '합일'의 심정임과 동시에 그것이 불가능하다고 하는 한탄이다. 여기에 '한'의 낭만주의가 있다. 원래는 '리'나 '리'의 체현자인 '님'과 합일되어야 하는데, 현실적으로는 동떨어져 있다. 그 본래 상태에 대한 동경으로 몸부림치는 것이 '한'이고, 이것이야말로 한국형 낭만주의인 것이다.

그래서 "한은 미래지향적인 것"(박경리)이라고도 하는 것이다. 후쿠자와 유키치(福澤諭吉, 1835-1901)가 인간의 감정 중에서 가장 싫어한 '원망(怨望)'은 상승을 향한 길이 막히는 데에서 생긴다. 이러한 이유로 후쿠자와는 학문에 의해 상승할 수 있는 사회의 도래를 환영한 것이다.

한편 '한'이 일본어의 '원한(恨み)'과 다르다고 해서 한국인에게는 일본인과 같은 복수를 동반한 잔인한 원한의 감정이 없다고 주장하는 한국인도 있지만, 물론 이것은 오류이다. 한국인의 복수심·질투심은 오히려 지극히 강하다. 한국사는 피로 피를 씻는, 복수가 복수를 부르는 역사의 반복이었다. 그러나 그와 같은 증오와 복수심을 동반한 원한의 감정은 원한·원통·원망·앙심 등이라 하여, '한'과는 다른 말로 표현된다.

8) 리 진영의 '한'과 기 진영의 '한'

조선 시대에 현실적으로 상승할 수 있는 인간과 그렇지 못한 자 사이에, 사회제도상의 엄격한 차별이 존재한 것은 분명한 사실이다. 상 승할 수 없는 민(民)이나 놈(奴)과, 상승할 수 있는 사람(人) 사이에는 높은 벽[176쪽]이 있었다. 과거 시험도 현실적으로는 집권 양반[131쪽] 이 자신들의 세력을 공고히 하기 위한 장치로 기능한 바가 크다고 할 수 있다. 자연히 상승할 수 없는 '기' 진영에 있는 사람의 '한'과, 상승 할 수 있는 '리' 진영에 있는 사람의 '한'의 성격이 달라지기도 하였다. 전자는 동경과 억울함을 자기 내부로부터 자아내는 방향을 취하는 데 반해, 후자는 동경을 실현시키기 위해서 상승을 향한 극기에 힘쓰고 또한 장애를 직접 타도하여 '리'와 합일하려 한다.

그러나 '기' 진영에도 '리'가 존재하는 것이 조선 사회의 특징이다. 상승을 가로막는 '벽'은 높지만, 기어올라 갈 수 있다는 것이 그 기본 개념이다. 양민(良民)으로 상승하는 노비도 많았고, 양반으로 상승하 는 노비도 있었다. 또 상승을 향한 장애가 일단 제거되면 '기' 진영의 '한'보다도 '리' 진영의 '한'이 전면에 부각되어, 노도와 같이 상승기류 (氣流) 아닌 상승리류(理流)가 올라온다. 그래서 그때까지 상승이 전혀 불가능했던 대표적인 천민(賤民)인 백정(白丁)은, 1894년에 신분이 해 방되자 급속히 상승하여 지금은 흔적도 없어졌다.

3장

리理와 기氣의 생활공간

1. 리의 세계와 기의 세계

1) '리'는 심하게 피곤하다

앞 장에서 설명한 것은 '리'를 축으로 한 인간관계의 수직적 구조, 즉 상승과 하강의 구조였다. 주자학적 사회는 체현된 '리'의 많고 적음 이라는 위계질서로 인간을 측정한다. 한 사람 한 사람의 인간을 수직 적인 잣대로 점수 매기는 것과 같다.

A씨는 상당히 맑은 '기'를 갖고 있기 때문에 '리'가 78%나 체현되어 있다. 고로 78점. B씨의 '기'는 대단히 탁하기 때문에 '리'가 11%밖에 체현되어 있지 않다. 고로 11점. 따라서 A씨는 '님'이고 B씨는 '놈'이라 는 식이다. '놈'은 오명을 씻기 위해서 오로지 상승을 지향한다.

그리고 '님'을 향한 상승의 경쟁도 격렬하지만, 역으로 '놈'으로의 전 락에 대한 압력도 가혹하다. 상승 지향 사회는 전락도 노골적인 사회 이다. 그러나 인간이란 이와 같은 상승과 하강의 싸움만으로는 살아 갈 수 없는 법이다. 저렇게 보여도 한국인 역시 피곤하긴 마찬가지이 다.

2) '리'의 피로를 치유하는 '기'

한국에는 이 싸움의 상처를 치유해 주는 고마운 것이 있다. 그것이 '기의 세계'이다. 기의 세계는 긍정의 세계이다. 그것의 특징은 정(情)·용서·치유·혼돈·차이성 등이다[81쪽]. 물론 '기'에는 분노·엄격함·부정과 같은 측면도 있다.

그러나 '리'와 대비해서 보면 엄격함보다는 긍정성이 강조되고 인식되는 것이다. 좀 더 알기 쉽게 말하면, '리의 세계'는 까다롭고 완고하고 꼼꼼하고 엄격한 '용서하지 않는 세계'인 데 반해, '기의 세계'는 대범하고 마음이 넓고 적당하고 느슨하고 인정 많은 '용서하는 세계'이다.

'리'를 많이 체현하고 있는 사람은 '리의 세계'에 살고, '리'를 조금밖에 체현하고 있지 않은 사람은 '기의 세계'에 산다고 할 수 있다. 일본인이 한국을 여행하다가 시장에서 장사하는 아줌마나 열차에서 옆에 앉은 할머니의 따뜻한 정을 접하고서, "한국인은 정말 인정 많고 다정하구나!"라며 크게 감격하는 경우가 자주 있다.

확실히 한국인의 정의 세계는 풍요롭고 과도하기까지 하다. 그러나 이것이 한국인의 전부라고 생각하면, 그것은 논리학에서 말하는 '성급한 일반화의 오류'를 범하게 된다. 어디까지나 부분이 아니라 전체를 조망할 필요가 있다.

3) 리의 세계와 기의 세계

한국인의 깊고 깊은 정의 세계는 주로 '기의 세계'에서의 일이다. 그 배후에 지극히 준엄한 '리의 세계'가 있다는 사실을 잊어서는 안 된다. 그러나 '리의 세계'는 여행자나 단기 체류자의 눈에는 거의 들어오는 일이 없다. 여행 중에 만나는 한국인들은 '기의 세계'의 사람들이 많기 때문이다.

정치의 세계, 역사의 세계, 학문의 세계, 혈통이나 학통(學統)의 세계 등 여행자가 들어갈 수 없는 '리의 세계'에는 그야말로 엄격하고 굳건한 질서 의식이 존재한다. 그 숨막힐 듯한 압력의 답답함은, 시장의 저 자유분방한 공기와는 완전히 다른 별세계이다.

오히려 질서지워진 '리의 세계'의 힘이 강하면 강할수록 그것을 치유하는 '기의 세계'의 힘도 강해진다고 할 수 있다. 말하자면 쌍방이 힘의 경쟁을 하고 있는 것이다. '리의 세계'는 긴장으로 가득 찬 무서운 세계이기도 하다.

여행자가 '기의 세계'만을 엿보고서 "한국은 일본보다 느슨하고 너그럽고 편하다"라고 생각한다면, 그것은 한국 사회에 대한 커다란 오해이다. 한국은 결코 그렇게 안이한 나라가 아니다.

4) 리의 공간과 기의 공간

결국 한국에서는 어떤 사람이 '리의 세계'에 속하는 사람인지 '기의 세계'에 속하는 사람인지가 중요한 것이다. 이것을 한눈에 식별할 수 있게 되면 어느 정도 한국통이라고 해도 좋다.

같은 한국인이라도 '기의 세계'에 속하는 사람은 정이 많고 감정적이지만, '리의 세계'에 속하는 사람은 엄격하고 이론적이라고 할 수 있다[74쪽].

그런데 그것과는 별도로 한국 사회에는 '리의 공간'과 '기의 공간'이 있다. 이것도 여행자의 눈에는 좀처럼 보이지 않지만, 한국에 살아 보면 자연히 알게 되는 인간관계의 급소 같은 것이다.

어떤 사람이든 '리'만의 사람이거나 '기'만의 사람은 없다. 반드시 양자를 다 가지고 있다[78쪽]. 사람들이 모이면 그 모임의 분위기를 민감하게 알아차려, 자기 안의 '리'의 부분과 '기'의 부분을 절묘하게 안배하여 자연스럽게 '리의 공간'이나 '기의 공간'을 형성시키는 것이다. 리의 공간에서는 '리'가 지배 원리가 되고, 기의 공간에서는 '기'가 자유분방하게 넘치는 것이다.

5) 항상 움직이는 공간

리의 공간과 기의 공간은 각각 고정적으로 존재하는 것이 아니라, 거기에 있는 사람이 '장(場)'으로서 만들어 내는 것이다. 예를 들면 선생님과 식사를 하는 장면은, 엄숙하게 말을 삼가고 자세를 흐트러뜨리지 않는 심히 속이 거북한 리의 공간이지만, 친구들과 술을 마실 때에는 웃고 울고 화내는 등 칠정(희노애락애오욕(喜怒哀樂愛惡欲)의 일곱 가지 감정. '락(樂)' 대신 '구(懼)'를 넣기도 한다)을 해방시킨 야단법석의 기의 공간이다. 이것을 혼동하면 어처구니없는 일이 된다는 것은 말할 필요도 없다.

리의 공간에 있을 때와 기의 공간에 있을 때, 몸짓 · 태도 · 사용하는 어휘 · 목소리의 질과 크기 등이 확연히 다르다. 예를 들면, 자식은 부모에게 반드시 존댓말을 쓰도록 되어 있지만, 기의 공간에서는 응석 부리며 부모(특히 엄마)에게 반말을 하는 경우도 흔하다. 이 중 어느 하나의 장(場)만을 목격하여 한국 사회에 대해 치우친 이미지를 갖는 것은 잘못이다.

리의 공간과 기의 공간의 총체가 한국 사회인 것이다. 그리고 중요한 것은 리의 공간에도 '기'가 있고, 기의 공간에도 '리'가 있다는 사실이다. 왜냐하면 '리'와 '기'는 붙어 있으면서도 떨어져 있는 신기한 관계에 있기 때문이다[78쪽].

6) 리기의 스위치

한국인은 몸의 어딘가에 '리기의 스위치'를 갖고 있다고밖에 생각할 수 없다. 그들은 장(場)의 공기를 민감하게 파악하여 스위치를 기민하게 바꿔 나간다. 예를 들면 숙연하고 엄숙한 리의 공간에서 절묘한 타이밍에 한마디 던짐으로써 그 '장'을 웃음바다로 만들어, 한순간에 기의 공간으로 변환시켜 버린다. 이것을 잘하는 사람이 한국에는 많다. '억압-피억압'의 관계에서 오랫동안 고통받아 온 이 민족이 체득한, 거의 본능에 가까운 정치적이고 예술적인 능력이라고 할 수 있다.

가령 친구 사이의 기의 공간에서는 약속 시간에 딱 맞춰 가면 오히려 상대방이 화를 낸다. "우리 사이는 늦게 오는 것을 용서하지 않을 정도로 정이 없는 '리'의 관계이니?"라는 것이다. 그런데 "아하, 한국에서는 시간을 엄격히 지키지 않아도 된다"라고 성급하게 일반화하여 (이것이 언제나 재앙을 부른다), 대학교(이곳은 '리'의 공간)의 수업 시간에 지각하게 된다면, 이번에는 일본의 대학에서는 상상도 못 할 정도로 심하게 꾸중 듣고 도덕성을 지탄받으며 최악의 경우에는 강의실에서 쫓겨나기까지 한다. 한국인과 잘 지내기 위해서는 '리기의 스위치'를 적시에 켜고 끌 수 있도록 노력하기를 권한다.

7) '리의 세계'는 타자 공격

한국인은 타자를 빈번히 공격하고, 또 타자의 공격에 매우 예민하게 대항한다. 무엇을 공격하는가? 첫째는 '기'를 공격한다. 탁한 '기'가 '리'를 은폐하고 있다고 하여 공격하는 것이다. 둘째는 '리'의 존재 방식 자체를 공격한다.

그래서 공격에 대항하기 위해서는 항상 다음과 같은 두 가지 유형 중 하나를 취하지 않으면 안 된다. 그중 하나는 "나의 기는 맑다"라는 메시지로, 가령 '맑고 깨끗한'이라는 형용사가 대통령 선거 후보자에서부터 소주 광고에 이르기까지 모든 장면에서 즐겨 사용된다. 또 하나는 "나에게도 리는 있다"라는 메시지로, 예를 들면 "할 말이 있다"는 주장을 빈번하게 하는 것이 그러한 예이다. 속담에서 말하듯이 "처녀가 애를 낳아도 할 말이 있다"는 것이다.

한국에서는 어떤 사람이 다른 사람과 처음 만날 때, 상대방의 눈·태도·말에 의해서 이 사람이 어느 정도의 '리'를 체현한 사람인지, 또는 이 사람은 이 장을 어느 정도의 리의 공간으로 삼으려 하는지를 즉석에서 판단한다. 이러한 판단을 즉석에서 할 수 없는 사람은 한국에서 살기 어렵다. 그런 우매한 사람은 탁기(濁氣) 속에 잠겨 살 수밖에 없다.

8) '기'에 가두어진 것

주자학에 의해서 나라의 정서에서부터 풍속에 이르기까지 철저하게 개조된 것이 조선 왕조 500년의 역사였다. 그러나 이 개혁의 특징은 그 이전의 것을 철저하게 근절시키거나 괴멸시킨 것이 아니라, 단지 가치가 열등한 것으로 폄하했다는 데에 있다.

토착 풍속이나 신앙, 욕망이나 본능, 감정적인 것, 감각적인 것, 원초적인 것, 미개한 것, 카오스적인 것, 신(神)적인 것, 음산한 것, 영(靈)적인 것, 대체로 '이(理)'해할 수 없는 것의 대부분은 '리'에 의해 정벌되고 괴멸되었지만 (그것은 '교화'라는 형태를 취한다), 그 소탕 작전에서 벗어난 것들은 '리'에 의해 하층 영역으로 쫓겨나 버렸다. 그것이 '탁기'의 세계다.

난(亂)·문(紊)·야(野)·비(卑)·천(賤)·잡(雜)·욕(欲)·외(猥)·미(迷)·속(俗)·흉(凶) 등의 가치를 부여받아 비천한 것으로 폄하되어 버린 것 중에는, 이 민족의 본질적으로 아름다운 부분, 풍부한 부분, 재미있는 부분, 활기 넘치는 부분, 자연스럽고 관대한 부분이 많이 포함되어 있다. 기의 공간은 그렇기 때문에 난잡하기도 하다. '기'의 카오스가 소용돌이치는 일종의 피난처를 '난장(亂場)'이라고 부른다. 거기에서는 '리'에 의해 억압된 백성의 함성이 들릴 것이다.

9) '기의 무대'는 곧 '리'에서 배제된 사람들의 서식처

'리'를 부여받았지만 여러 가지 이유로 그것을 발현할 수 없는 경우에 그 사람은 '놈'이 되어 버린다. 그러나 불쌍한 놈이 이 세상에서 완전히 배제되는 것은 아니다. 갈 곳은 있다. 왜냐하면 '불쌍한 놈'이 없으면 '고귀한 님'도 존재할 수 없기 때문에─[175쪽].

'님'들은 '리의 무대'에서 활약하는 데 반해 '놈'들은 '기의 무대'에서 활약한다. 기의 무대는 거대한 감정의 해방구, 칠정[61쪽]의 카니발이다. 그곳에서는 광란과 과잉과 함성과 통곡과 개방성과 자연성이 소용돌이치고 있다. 거기에서 사람들은 함께(共) 느끼고 함께(共) 먹고 함께(共) 갖고 함께(共) 쓰고 같이(同) 즐기고 같이(同) 놀고 정을 함께(同)한다. 즉 '함께(共)'·'같이(同)'가 강조되고, '외톨이(孤)'·'혼자(獨)'·'따로(片)' 등은 허용해 주지 않는다. '기'의 탁한 정도는 천차만별이지만 감정의 발로는 동일한 것이다.

시험 삼아 한국의 '기의 무대' 아래를 홀로 배회해 보면 된다. 성(情)의 불덩어리 같은 사람들이 저마다 "외롭죠?", "보나마나 외로울거야!", "외롭지 않을 리가 없어!"라며 요란스럽게 다가와서 당신을 '함께(共)'와 '같이(同)'의 무대로 일순간에 끌어올릴 것이다.

10) '리'와 욕망

한국 사회에서는 노골적으로 욕망(人欲)이 방치되어 있다. 자기 집 대문 앞에 더러운 쓰레기를 대놓고 버리는 것을 보라. 강렬하고 왕성한 욕망이 얼마나 적나라하게 방치되어 있는가! 그러나 이것을 오해해서는 안 된다. 한국 사회에 질서·도덕·규범이 없기 때문에 거리의 욕망이 강렬한 것은 아니다. 오히려 그 반대다. '리'가 강하기 때문에 욕망이 방치된다. 그렇기 때문에 거리는 더러워진다.

'리'를 신봉하는 한국인은 보편을 신봉한다. 보편을 신봉하기 때문에 잡다한 것을 싫어한다. 잡다한 것을 싫어하기 때문에 무시한다. 그래서 거리는 점점 더 잡다해진다. 잡다한 것은 경멸할 만한 것이기 때문에 관심을 가져서는 안 된다.

일본은 '리'가 잘게 분해되어 하나 하나의 '기'에 깃들어 있기 때문에 잡다한 것을 깔끔하게 분류·정리하며 사람들·세상에 폐를 끼치지 않도록 한다. 한국은 강한 '리'가 〈욕망=기〉를 교화하는데, 그 교화로부터 벗어나고 배제되어 거리로 쫓겨난 〈욕망=기〉는 '리'의 제약을 받지 않고 제멋대로 행동한다. 북한은 거대하고 절대적인 '리'가 사회의 구석구석에까지 침투해 있기 때문에 욕망 그 자체가 억압되어 한없이 은폐되어 버린다. 그렇기 때문에 거리는 욕망도 쓰레기도 없이 청결하다. 평양의 거리에 감도는 것은 하늘에 흩날리는 듯한 가희(歌姬)의 노랫소리와 하얀 버들개지뿐이다.

2. 리기의 생활학

1) 있어야 할 자리

자신이 '있어야 할 자리'라는 관념을 어떤 한국인도 강렬하게 의식하고 있다. 그리고 '있어야 할 자리'와 지금 실제로 자신이 '있는 자리'와의 거리를 줄이려고 항상 노력하는 것이 한국인의 일생이다.

지금 자신이 있는 자리에 만족하거나 혹은 의문을 갖지 않고 그 자리를 편하게 느끼고 깨끗하게 하려고 하는 일본인과는 크게 다르다.

한국인에게 '본의 아니게 지금 있는 자리'는 그리 강한 집착의 대상이 아니다(한국에서 노조의 싸움이 격렬한 것은 '있어야 할 자리'를 사수하려고 하기 때문이다). "당신은 지금까지 한 번도 '제대로 된 자리'에 앉은 적이 없다"고 아내가 남편을 몰아세운다. 그 말에 남편은 견디지 못하고 술을 먹고 난폭해진다.

한국인은 자신이 있어야 할 자리에 있지 못하고 그것과 서리가 생겼을 때에 소란을 피우며 괴로워한다. 원래는 자신이 '저 자리'에 있어야 하는데 여러 가지 장애로 '저 자리'에 있을 수 없다. 저 '자리'에 앉고 싶다는 동경, 그리고 앉을 수 없다는 고통, 그것이 '한'이다.

2) '리'의 위광(威光)과 '리'의 상품

'리'에는 실은 몇 가지 차원이 있다. 맑게 갠 밤하늘에 거대한 달이 휘황찬란하게 떠 있다. 이것이 '제일의 리'이다. 지상으로 눈을 돌리면 강물 위에 달의 모습이 비치고 있다. 이것이 '제이의 리'이다. 이 〈리=달〉은 강물 이외의 장소, 저 연못에도 이 유리창에도, 같은 모습으로 비치고 있다. 〈제일의 리=달〉은 근원적인 단지 하나의 '리'이다. 〈제이의 리=달〉은 만물에 동등하게 분배된 '리'로, 이것을 '분수리(分殊理)'라고 한다. 단지 만물은 '기'가 각각 다르기 때문에 드러난 '리'도 각각 다른 것이다.

한국 사회에는 사람들 각자가 발현하는 '리'의 많고 적음을 분명하게 드러내기 위한 다양한 수단이 있다. 말하자면 '리의 상품'이 발달되어 있는 셈이다. 탁상의 멋진 명패·간판·명함 등은 한국인이 좋아하는 대표적인 '분수리(分殊理) 상품'일 것이다. '리'의 빛이 많이 깃들어 있는 명함이 있는가 하면 조금밖에 깃들어 있지 않은 명함도 있다.

한국인들은 조금이라도 많은 '리'의 빛이 깃들어 있는 명함을 향해서 끊임없이 상승지향을 불태운다. 암행어사의 마패처럼 내놓는 순간 눈부실 정도의 '리'가 찬란히 빛나, 상대의 눈이 부셔 자기도 모르게 허리를 굽힐 만한 한 장의 명함이 한국인들의 이상이다. 그 인쇄는 정교하며 종이도 묵직하다.

3) 눈과 리기

한국에서 처음 만난 사람과 첫인사를 해 보는 것도 좋다. 웃는 얼굴로 악수하고 "앞으로 잘 부탁합니다"라는 말을 주고받는다. 그러나 웃는 얼굴로 말을 주고받아도 눈은 매처럼 예리하게 빛나며 상대의 '리'의 많고 적음을 평가하고 있다. 상대의 머리에서 발끝까지를 위아래로 훑어보고 나이 · 지위 · 학력 · 가문 · 고향 · 부(富) 등을 측정하여 총계를 산출해 낸다. 보기만 해서는 알 수 없는 부분은 정확성을 기하기 위해서 주저 없이 직접 묻는다. 한국인과 처음 대면했을 때 개인적인 데이터를 내놓는 데 인색해서는 안 된다. 기본적인 '리'의 많고 적음을 모르고서는 상대에게 안심하고 말을 건네는 것조차 할 수 없기 때문이다.

한국인이 자주 하는 것 중에는 '눈치를 본다'는 행위가 있다. '눈치'란 윗사람의 안색 · 기분 · 표정 등의 의미로 '눈치를 본다'는 그 장소나 사람의 분위기 · 낌새 등의 '기'가 상대인 윗사람의 '리'에 의해 어떻게 지배되고 있는가를 느끼고 살피는 것이다. 이것을 잘 못하는 한국인은 촌스러운 '놈'으로 전락한다. 또 '잘 보이다/잘못 보이다'라는 개념도 한국의 일상생활에서는 중요하다. 윗사람에게 잘 보일 수 있으면 앞길은 밝고, 그것을 잘 못하면 장래는 없다. 이와 같이 한국에서 눈은 사물을 보기보다도 거기에 깃들어 있는 '리'를 보기 위해서 중요한 장치이고, 그것을 위한 훈련을 추호도 게을리해서는 안 된다.

4) 얼굴과 리기

리의 공간에서 한국인의 얼굴은 항상 긴장된 맹수처럼 경직되어 있다. '리'에 귀속되는 얼굴, 체면 때문에 싸우는 얼굴, 그와 같은 의지로만 살고 있는 얼굴이다. '리'에 낀 구름을 드러내지 않기 위해서 구석구석까지 통제되고 있다. 한 치의 틈도 보여서는 안 된다.

이와는 반대로 '기'의 공간에서 한국인의 얼굴은 희로애락애오욕을 거리낌없이 드러내고 또한 너그럽다. 기의 공간에 들어가자마자 사람들은 표정을 풀고 틈을 보이며 서로 용서하는 얼굴이 된다.

또 '리의 얼굴'과 '기의 얼굴'의 관계로 말하면, 전자는 '보는 얼굴'이고 후자는 '보여지는 얼굴'인 경우가 많다. 여자의 얼굴은 〈보여지는 얼굴=기의 얼굴〉로 여겨졌기 때문에, 그것의 미추(美醜)에 대한 관심은 강렬하다.

한국에서 못생긴 여자는 어릴 때부터 무슨 일이 있을 때마다 주위 사람들에게 "네 얼굴은 못났다"고 계속해서 지적받는다. 그것은 실로 노골적이고 강력하고 낙천적인 부정으로, 누구도 그것을 '심한 일'이라고는 생각하지 않는다. 한국에서 성형수술이 마치 통과의례처럼 왕성한 것도 당연하다. 또한 과거에는 철가면 같은 화장으로 무장하곤 했다. 낙천적으로 부정되면 낙천적으로 고치면 되는 것이다.

5) 손과 리기

유교에서는 사회적으로 큰 사람이 하는 큰 일과 작은 사람이 하는 작은 일이 있다고 본다. 전자는 마음(心)이 하는 일이고 후자는 몸(體)이 하는 일이다. 이것은 맹자의 규정이다.

전자는 '리의 일'이고 후자는 '기의 일'이다. 전자가 존경할 만한 일이고 후자가 천시할 만한 일임은 두 말할 나위 없다. 손발을 사용하는 일은 천시되었다. 〈손발=기〉는 〈마음·두뇌=리〉에 의해 부려지는 종이다.

한국에서 버스나 택시 기사를 '운전수(手)'라고 해서는 결코 안 된다. 그들을 '손(手)'으로 규정하자마자 그들의 자존심은 심하게 상처받고 분노를 노골적으로 드러낼 것이다. 반드시 '운전기사' 혹은 '운전기사님'이라고 부르지 않으면 안 된다. 한국어의 "수고하셨습니다"라는 말에는 '수고(手苦)'라는 단어가 들어 있다. 또한 한국어에서는 노력·노고·근로의 '노(勞)'라는 글자를 '수고하는 노'라고 훈을 단다.

노동은 우선 무엇보다도 손이 고생하는 것이다. 동시에 그것은 순수하게 육체적인 고생이라기보다는 '리'에게 학대받는 정신적인 고통이기도 하다. 한국 사회는 수고를 하는 사람들과 그 사람들을 부리는 사람들의 두 부류로 뚜렷하게 나뉜다. 수고를 하지 않는 사람이 되려고 상승하는 것은 물론이다.

6) '리'의 세계에서의 나이와 '기'의 세계에서의 나이

나이는 사회적 상하 관계를 측정하는 매우 중요한 요소이다. 나이가 한 살이라도 위이면 그 사람은 존경하는 마음으로 대해야 할 존재이다. 가령 도로 위에서 교통사고가 나도 결코 상대에게 사과하는 일은 없다. 상대가 얼마나 잘못했는지, 자기가 얼마나 정당한지를 '말'로 격렬하게 논하지 않으면 안 된다. 주위에 군중이 모여들면 군중을 향해 설득력 있는 논리를 전개한 쪽이 승자가 된다. 그런데 재미있게도 이 논쟁의 출발은 교통사고의 원인을 둘러싼 것인데, 나중에는 상대방의 태도, 즉 자기보다 나이가 어린데 정중한 말 혹은 존댓말을 사용하지 않고 '반말'을 썼다는 쪽으로 논점이 이동해 버리는 경우가 자주 있다. 이 정도로 나이의 질서는 엄격하다.

그러나 이것은 리의 세계에서의 이야기다. 한국에는 이와는 별도로 기의 세계에서의 나이가 존재한다. 리의 세계에서는 한살이라도 많으면 많을수록 높은 가치가 깃들어 있지만 기의 세계에서는 젊으면 젊을수록 좋다. '이팔청춘'이라는 말이 있다. 2×8=16세를 청춘의 절정으로 삼고, 나이를 먹을수록 청춘으로부터 멀어진다는 강한 아쉬움의 정서가 한국인에게는 존재한다. '청춘을 향한 한'인 것이다. 리의 세계에서의 나이와 기의 세계에서의 나이라는 반대 방향의 힘에 이끌려 한국인은 언제나 몸부림치며 고통스러워한다.

7) 일본인의 한국 오해

일본에는 다양한 한국인론이 있지만 그것들은 대부분 논리학적으로 말하면 오류를 범하고 있다. 일본인의 한국인에 대한 인식에는 극단적으로 상반되는 것이 공존하고 있다.

예를 들면 어떤 사람은 "한국인은 대단히 감정적이다"라고 하는 데 반해, 어떤 사람은 "한국인은 터무니없이 이론적이다"라고 한다. 그리고 쌍방의 말을 들어 보면 양쪽 다 설득력이 있고 틀리지 않은 것처럼 보인다.

확실히 한국인은 "아이고!"라고 통곡하기도 하고 자지러지게 웃기도 하여, 그들의 감정 세계는 항상 질풍노도와 같은 분열형처럼 보인다. 그러나 다른 한편으로 한국인은 딱딱한 태도로 집요하게 논리를 열거하는 편집형 인간처럼 보이기도 한다.

그뿐만이 아니다. 〈한국인은 예의를 모른다↔한국인은 예의 바르다〉, 〈힌국인은 밝다↔한국인은 어둡다〉, 〈한국인은 의존적이다↔한국인은 독립적이다〉, 〈한국인은 폭력적이다↔한국인은 문약(文弱)하다〉, 〈한국인은 인정이 많다↔한국인은 냉혹하다〉 등등, 한국인에 대한 상반된 인식은 일일이 열거할 수 없을 정도이다.

8) 오해의 구조

그러나 이제 '리'와 '기'의 관계를 안 우리는 이러한 인식이 모두 부분을 억지로 전체화할 때 생기는 편견이라는 사실을 알 수 있을 것이다. 즉 리의 세계나 기의 세계 중 어느 한 면만을 엿보고 그것이 한국(인) 그 자체라고 착각하고 있는 것이다.

이러한 인식의 오류에서 벗어나기 위해서는 그 사회의 전체를 보지 않으면 안 된다. 즉 리의 세계와 기의 세계의 전체를 보지 않으면 안 되는 것이다.

정확하게는 다음과 같이 말하지 않으면 안 될 것이다. 기의 한국인 또는 기의 공간의 한국인은 감정적이고, 리의 한국인 또는 리의 공간의 한국인은 이론적이다. 아니면 기의 한국인 또는 기의 공간의 한국인은 딱딱한 예의에서 자유로운 듯이 보이고 발랄하고 의존적이며 때로는 폭력적이기도 하면서 인정이 있지만, 리의 한국인 또는 리의 공간의 한국인은 예의 바르고 어둡고 우울한 것처럼 보이기도 하며 독립적이고 '무(武)'가 아닌 '문(文)'을 중시하고 이론적이고 차갑게도 보인다.

어디까지나 이 양자의 총체가 한국인이지, 어느 한쪽만을 한국인의 국민성·민족성이라는 틀에 집어넣어 단정해 버리는 것은 오류이다.

9) '한국인'이라는 아이덴티티의 근거로서의 '리'

실제로 살아 숨쉬는 한국인은 한 사람 한 사람이 제각기 다양할 것이다. 그렇다면 왜 '리기'라는 틀에 의해 "한국인은 ~ 하다"라고 규정할 수 있는 것일까? 그 이유는 '민족으로서의 한국인'과 '국민으로서의 한국인'이 '리기'라는 틀에 의해 규정되고 있기 때문이다.

민족으로서의 한국인은 한국 민족의 역사·문화의 정통성·정당성을 '리'로 규정하는 교육을 받음으로써 한국인 이외의 사람들과 구별된다. 그리고 이 '민족리'를 부정하는 자는, 적어도 공식적으로는 이 나라의 표면에서 배제된다[236쪽].

또 국민으로서의 한국인은 민족리를 널리 부여받은 '한민족' 중에서 특히 대한민국의 정통성·정당성을 '리'로 규정하는 교육을 받아, 그 '리'에 근거한 법률 등의 규범 틀에 머물러 있는 자로, 한국인 이외의 사람들과 구별된다. 이것은 특히 북한과의 배타적인 관계에 의해서 성립되고 있는 '리'이다. '국민윤리' 같은 교육이나 '국가보안법'이라는 법률 등에 의해, 이 '국민리'는 국가권력이 유지하고 있다.

원래 이것들은 '만들어진 리'로, 그렇기 때문에 민족이나 국민으로서의 한국인도 역사적으로 만들어진 것이다. 그러나 동시에 이것은 '요청된 리'이기도 하다.

10) 하나임의 철학성

국가권력에 의해 규정된 '리'에 대해서 '또 하나의 한국'을 주장하는 세력이 도전한다. 이는 첨예한 역사관·경제관·사회관의 대립이기도 하다. 그런 의미에서 한국은 복수이다. 그러나 그것들은 항상 '하나임(一個性)'을 주장하는 것으로[20쪽], 유일한 '리'에 귀의한다고 하는 구조는 모두 마찬가지이다. 그런 의미에서 한국은 하나의 '리'이다. 혹은 한국은 하나의 극장이다.

거기에서 사람들은 한국이라는 가상 무대를 하나의 보편 사상으로 연출하려 하고 있다. 모두가 '전체'를 꿈꾸고 있지만 실은 모두가 '결여'의 아픔을 안고 있다. '결여'의 아픔을 극복하려고 사람들은 돌을 던지고 논쟁하고 술을 마시고 흐느껴 운다.

예를 들면 '통일'이나 '우리는 하나다' 등을 간절히 부르짖으면서도, 왜 남북한 관계는 오랫동안 대화조차 진전되지 않는 것일까? 또 화합·화해·융화·대동(大同)·범(汎)과 같은 거창한 슬로건을 부르짖는데, 왜 정치계나 종교계나 노사 관계는 거꾸로 분열과 대립을 반복해 온 것일까? 여기에는 '결여'가 있다. '하나(一)'를 꿈꾸고 지향하지만 바로 그것 때문에 '하나'가 훼손되어 버린다. 이 '결여'야말로 한국 사회를 허덕이게 하면서도 앞으로 앞으로 전진시키고 있는 것이다.

3. '리'와 '기'의 방법론

1) 이분법의 극복

유교와 샤머니즘, 남과 여, 양반과 쌍놈과 같은 이분법적 방법론이 지금까지 한국 사회의 분석에 사용된 대표적인 것이다. 그러나 그와 같은 방법론으로는 결코 이 사회를 파악할 수 없다. 아니 그런데 이 책의 방법론 자체가 '리'와 '기'의 이분법이 아닌가? 그렇지 않다. 결코 그렇지 않다. 왜냐하면 두 세계를 분리하기만 하는 분석은 오류이기 때문이다.

'리'의 세계와 '기'의 세계를 단지 나누는 것만으로는 안 된다. 두 세계는 분리되어 있으면서 동시에 붙어 있다. 두 세계는 서로 뒤섞여 있으면서 떨어져 있다. 이것을 주자학의 용어로는 '리'와 '기'는 '불상잡(不相雜) 불상리(不相離)'(서로 뒤섞여 있지도 않고 서로 떨어져 있지도 않다)라고 한다. 표면상으로는 유교·남자·양반은 '리'의 요소가, 샤머니즘·여자·쌍놈은 '기'의 요소가 강하다. 그러나 유교·남자·양반에도 '기'는 100% 있고, 샤머니즘·여자·쌍놈에도 '리'는 100% 있다. '기의 남자'와 '리의 여자'도 얼마든지 있다. 이것을 놓치면 한국 사회를 이해하기는 어려울 것이다.

2) '리'와 '기'의 상호 관계

리의 세계와 기의 세계, 리의 인간과 기의 인간, 리 진영과 기 진영 등으로 이 책에서 나눌 때, 그것들은 완전히 분리되어 있는 것은 아니다. 분리되어 있다고 생각한다면 단순한 이분법이 되어 버린다. 우리의 리기학은 이와 같은 방법론을 취하지 않는다.

'리'와 '기'는 서로 떨어져 있지 않은 관계에 있다. 주자가 말하듯이 '리'와 '기'는 불상리(不相離)이기 때문이다. 그러나 다른 한편으로 '리'와 '기'는 불상잡(不相雜)이기 때문에 서로 완전히 붙어 있는 것도 아니다. 이 둘은 어디까지나 별개의 것으로, '기'가 '리'를 가리고 있다. 그리고 '기'의 맑고 탁한 정도에 따라 '리'가 드러나는 정도도 달라진다.

'기'가 맑은 경우에는 '리'가 많이 드러나기 때문에, 이런 인간을 '리의 인간'이라 부르고, 이런 인간이 모이는 장소를 리의 세계·리의 진영 등으로 부르는 것이다.

역으로 '기'가 탁한 경우에는 '리'가 드러나지 않고 탁기(濁氣)에 가려져 버리기 때문에 이런 인간을 '기의 인간'이라 부르고, 이런 인간이 모이는 장소를 기의 세계·기의 진영 등으로 부르기로 하는 것이다.

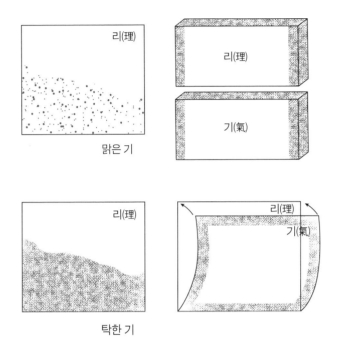

맑은 기

탁한 기

3) '기'의 질서

'기' 자체는 원래 질서가 아니다. 그러나 '기'가 있는 곳에는 반드시 '리'가 있고 질서가 있다. 그것이 가려져 있는가 드러나 있는가의 차이가 있을 뿐이다.

한국에서 '기'를 소리 높여 주장하는 사람들도 실은 모두 그 '기'를 지배하고 있는 '리'를 주장하고 있다. 예를 들면 '민족정기(正氣)'나 '풍수지리'와 같은 '기'의 논리는 실은 '기'의 구조·질서·원리·도덕성, 즉 '리'를 말하고 있는 것이다[91쪽, 94쪽].

또한 한국인은 '기가 살다'거나 '기가 죽다'를 대단히 신경 쓴다. '기가 죽다'는, 우울해지다, 기분이 가라앉다, 풀이 죽다, 의기소침하다, 압도되다, 기가 약해지다, 주눅이 들다(『조선어사전』, 小學館)는 의미이고, '기가 살다'는 힘이 있고, 생기가 있고, 기가 꺾이지 않고, 위축되지 않고, 기가 세지는 것을 말한다. '기'가 죽어서는 싸울 수 없다. 그렇기 때문에 운동경기와 같은 싸움에 임할 때에는 상대의 '기'를 죽이고 자신이 그 장을 정신적으로 지배하는 것이 가장 중요하다고 여겨진다.

그렇다면 '기'는 언제 살고 언제 죽는가? '리'를 장악했을 때 '기'가 살고, '리'를 잡지 못할 때 '기'는 죽는다. 일본 선수를 상대로 해서는 "기를 죽여!"라는 지상명령하에 '민족의 리(理)'를 빛나게 한다.

4) 왜 '리'는 수직이고 '기'는 수평인가?

지금까지 '리'와 '기'의 관계를 살펴보았는데 한 가지 의문이 생길지도 모른다. 즉 '리'는 보편적인 도덕성인데 왜 수직적인 질서, 즉 차별적인 계층성을 만들어 내는가? 또 '기'는 청탁(淸濁)이라는 차별적인 성질을 지니는데 어째서 관용이라는 수평적인 세계를 형성하는가? 이는 리기학에 관한 상당히 핵심적인 물음이다.

조선 시대 유학자들도 이 문제를 둘러싸고 장기간에 걸쳐 논의하였다. 그것은 "인(人. 사람)과 물(物. 동물)의 본성(性=理)은 같은가(同) 다른가(異)?"라는 논쟁이다. 결론을 말하면 이 문제에 대해서는 크게 두 가지 생각이 성립할 수 있다.

하나는 사람과 동물의 본성은 같지만, 항상 '기'에 의해 가려져 있기 때문에 밖에 드러나는 것은 같지 않다고 생각하는 경우이다. 즉 모든 존재에 같은 '리'가 있는데, '기'에 의해 매개되어 있기 때문에 차별적인 계층성이 생긴다는 생각이다.

다른 하나는, 원래 사람과 동물의 본성은 다르다는 것이다. 가령 인간에게는 인간의 '리'가 있고 개에게는 개의 '리'가 있듯이, 그것은 처음부터 다른 것이다. 이것은 만물이 각각 차별적인 '리'를 보편적으로 부여받았다고 생각하는 입장이다.

5) '리'와 '기'를 기술하는 차원의 문제

이 문제는 결국 결론을 보지 못했다. 왜냐하면 주자 자신이 두 생각을 모두 긍정하고 있기 때문이다. 여기에서는 이렇게 생각하는 것이 좋을 것 같다. 즉 '리'는 모든 존재에 보편적으로 동등하게 부여되어 있지만, 원래 그것은 계층적·차별적인 구조물로서 있는 것이다. 리의 세계에서는 차별성이 중시된다.

그리고 청탁이 있는 차별적인 '기'와 모든 것을 긍정하고 치유하는 '기'는 원래 같은 것이지만 기술의 차원이 다르다. 즉 '기'는 본래 평면적인 전체성을 이루어야 하는데 청탁의 '기'에서는 한정성(限定性)이 그 속성이 된다. 본래적인 '기' 그 자체에는 평면적인 전체성, 모든 것을 치유하는 혼돈성이 있지만, 구체적인 사람이나 동물로 구체화(結晶)되어 '리'와 합체된 상태에서는 정(正)·통(通)·편(偏)·색(塞)·청(淸)·탁(濁) 등의 차별성이 드러난다.

그리고 기의 세계, 즉 '리'보다는 그것을 가리는 '기'에 더욱 중점을 두고 기술하는 세계에서는, '리'에 의해 매개된 '기'가 아니라 본래적이고 전체적인 '기'가 중시되는 것이다. 또한 기의 세계에서 '기'는 모두 탁하기 때문에 계층적인 '리'의 질서 등은 보이지 않고, 무차별(渾然) 상태의 '기'가 모든 것을 집어삼킨다.

4장

리理와 기氣의 문화 체계

1. 질서(cosmos) 신앙의 민족성

1) 질서 지향성

한국이라고 하면 '혼돈의 나라'라고 오해하는 사람들이 일본에는 끊이지 않는다. 궁지에 몰린 듯이 혼돈스럽게 부글부글 끓어오르는 시뻘건 된장찌개, 사람과 사물이 뜨거운 열기를 발하며 혼돈스럽게 폭주하고 범람하는 미궁과 같은 시장, 난폭한 자동차가 혼돈스럽게 질주하는 도로, 이것들로부터 '혼돈의 한국'이라는 인상을 받는 일본인. 이 나라에서 심층적이고 원초적이며 미개한 것을 찾으려는 속내가 일본인에게는 강렬하게 존재한다.

그러나 앞에서[57-66쪽] 설명한 것처럼, 한국을 혼돈의 나라로만 보는 것은 오류이다. 만약 한국이 혼돈의 나라로밖에 보이지 않는다면 그것은 한국을 '무질서'로 규정하고 싶었던 식민지 시대의 민족차별주의자의 망념, 혹은 기껏해야 길거리라는 표층만을 떠도는 여행객의 불손한 감상(感想)에 지나지 않는다.

한국은 강력한 질서 지향의 나라다. 질서란 곧 '리'이다. 한국에 혼돈적 요소가 강렬한 것은 한국인의 질서 지향성이 강렬하기 때문이다[59쪽]. 이것은 주자학의 '리'가 이 땅에 들어오기 이전부터의 일이다.

2) 위기와 질서

즉 주자학이 한국인으로 하여금 '리'를 선호하게 만든 것이 아니라, '리'를 선호하는 한국인의 성향이 주자학에 열광하게 만든 것이다. 그럼 왜 한국인은 '리'를 좋아하게 된 것일까?

여러 요인이 있지만, 한반도가 항상 심각한 위기 상황에 있었던 것이 한국인의 '리' 신앙을 강화시켰다[25쪽]. 반도를 덮친 거대한 금·균열·와해 등의 공포가 강해지면 강해질수록 '리'에 대한 경도는 상상을 초월할 정도로 강해진다.

균열의 존재가 사람들에게 〈질서=리〉를 추구하게 한다. 점점 균열은 거대해지고 사람들은 갈수록 〈질서=리〉에 몸을 의탁하게 된다. 이리하여 한국이라는 신체는 깊은 상처에 시달리고 '리'에 대한 신앙은 점점 깊어 간다.

여기에서 한국이 치명적인 상처의 악화로 인해 분열되지 않기 위한 최후의 접착제가 민족주의라는 '리'임은 말할 필요도 없다. 이미 민족으로서는 남과 북으로 분열되어 버렸다. 따라서 대한민국이라는 국가로서의 분열은 결단코 저지하지 않으면 안 된다. 외부에 정신적인 적을 만듦으로써 국가를 봉합하는 힘을 강화시키려고 한다. 그 주된 적은 바로 북한과 일본이다.

3) 최강의 질서는 '말'

"말이 아니면 해서는 안 되고 길(道)이 아니면 가서는 안 된다"라는 격언이 있다. '말'이야말로 한국인이 믿는 최강의 질서인 것이다[45쪽]. 한국에서 TV를 한번 보라. 뉴스 진행자, 거리에서 인터뷰하는 어린아이, 코미디언 할 것 없이 모두가 제각각 막힘 없이 도덕 지향적인 질서를 주장한다. 〈질서=리〉가 아닌 말은 '말'로 인정받지 못하기 때문에[45쪽], 사람들은 필사적으로 '리'의 모범 답안을 떠들썩하게 읽어 나간다. 이 나라에서는 단지 성실하게 살아가는 것만으로는 부각되지 못한다. 자신의 삶이 얼마나 도덕적인가를 소리 높여 다른 사람들에게 끊임없이 표현하지 않으면 안 된다.

19세기 프랑스의 선교사 샤를 달레는 흥미로운 지적을 하였다: "조선에서는 사람들이 대단히 큰소리로 말하기 때문에 집회는 특히 떠들썩하다.… 사교계에서는 보통의 목소리로 말하는 것은 특이하게 보이려고 하는 기인(奇人)이라고 생각되어, 다른 사람으로부터 안 좋게 보인다."[샤를 달레 저, 에노모토 다케아키 역,『조선사정(事情)』*, 1875] 이것은 도덕 지향성에 기초한 '말'의 경연에 대한 묘사이다. "그들이 생각하기에는 크게 떠들어야 비로소 일이 바로 잡혀진다"라는 달레의 지적은 정곡을 찌르고 있다. 그것이야말로 도덕 지향적인 사고의 소산인 것이다.

---

* 이 책은 달레의『조선교회사 서론』의 축약 일역이다.『조선교회사 서론』의 한글번역은 정기수 역,『벽안에 비친 조선국의 모든 것』(탐구당, 2015)을 참고하기 바란다.

4) 질서의 문법과 어휘가 난무하는 나라

"그런 비정상적인 사고는 버리지 않으면 안 됩니다!" 라디오의 사회
자가 청취자에게 설교한다. "누나, 외국 제품을 좋아하는 그 정신을
먼저 고치지 않으면 안 돼요!" TV 드라마에서 동생이 누나에게 훈계
한다. 질서지향의 말은 당위성이 강하기 때문에 "~하지 않으면 안 된
다"라는 표현이 많이 사용되는 것이다.

그리고 이 표현을 다른 사람에게 서슴없이 할 수 있는 '자리'에 앉는
것이 한국인의 이상이다. 도덕적으로 더 우위에 있는 '자리'를 추구하
여 상승하기 때문에, 한국의 리의 공간에서는 "~하지 않으면 안 된다"
의 난타전이 끊이지 않는다.

한국어란 '우리' 사회의 질서성, 도덕적 완전무결성을 완성시키고자
하는 현란한 말의 자수와 같다. '올바르다'·'제대로'·'바람직하다'와
같은 질서를 지향하는 말들이 난무하고 대량으로 소비된다.

그리고 '나'의 위치를 상승시키기 위해서는 자기의 〈도덕성=질서성〉
을 주장하고 타인의 〈부도덕성=무질서성〉을 공격할 필요가 있기 때
문에, 이 사회에서는 '놈'을 가두기 위해 타자를 공격하는 '욕'이라는
비난의 말들이 독을 품은 꽃들처럼 현란하게 난무하고 있다.

5) '몸'의 질서에 대한 지칠 줄 모르는 신앙

한국인의 질서 신앙의 증거의 하나로 '몸'에 대한 지칠 줄 모르는 신앙을 들 수 있다. 인간의 '몸'은 '기'이다. 그러나 '몸'에는 질서가 있다. 이 질서의 항상성(호메오스타시스)을 유지하고 활성화시키기 위해서 한국인은 열광적일 정도로 노력한다.

'몸'의 질서에 관한 의학적인 설명이 바로 경락(經絡)의 '리'이다. 한국에서는 '한방(漢方)'이 '한방(韓方)'으로 불리며, 민중의 절대적인 신뢰를 얻고 있다. 대학의 한의학과(韓醫學科)는 서양의학과에 결코 뒤지지 않는 수재들이 모이는 곳이다. 동시에 한의사는 매우 소득이 높은 잘나가는 직업이다.

한편 '몸'의 힘을 최고도로 고양시키기 위한 민간 강장법(强壯法)으로 갖가지 보약·약수(藥水) 등을 열렬하게 대량으로 섭취한다. 보약이란 강장(强壯)·강정(强精)을 위해 섭취하는 물질의 총칭으로, 한약은 물론이거니와 개·뱀·벌레와 같은 보신 동물에 이르기까지 어마어마한 종류가 있다. 한국인은 '몸'에 좋은 것이라면 뭐든지 먹고 마신다고 한다. '보신 관광'이라고 하여 외국으로 곰이나 사슴 혹은 코브라 같은 보신 동물을 먹으러 가는 관광도 큰인기이다. 또한 야생동물에 의한 보신 효과를 믿고 있기 때문에 무분별한 밀렵이 횡행하고 있다.

6) 사상(四象)의학과 몸철학(momism)

한의학의 내용은 대부분이 중국 의학이지만, 한국의 독창적인 의학 이론 중의 하나로 '사상의학'이 있다. 사상의학이란 조선 말기의 이제 마(李濟馬. 호는 동무(東武). 1837-1900)가 만든 조선 의학사상 가장 독창 적이라고 여겨지는 체질의학 이론이다. 인간을 체질에 따라 ① 태양 인(太陽人) ② 소양인(少陽人) ③ 태음인(太陰人) ④ 소음인(少陰人)이라 는 네 가지 유형으로 분류하여 설명하기 때문에 '사상(四象)'의학이라 고 불린다. 오늘날에도 이 이론을 신봉하는 자는 많다.

사상의학을 이기론으로 보면, 중국 의학이 '기'를 중심으로 논리전 개를 하는 데 반해 이제마는 마음(心)과 '리'의 역할을 강조하기 때문 에 사상의학은 주자학의 '리'에 근거한 '몸'의 질서분석이라고 할 수 있 다. 또 이것과는 다른 차원에서 '몸'에 새로운 '리'를 부여하려는 움직 임도 있다.

현대 한국의 가장 독창적이고 급진적인 철학자 김용옥(호는 도올(檮 杌), 1948-)은 '몸철학(momism=mom+ism)'이라는 새로운 철학을 만들어 냈다. 동양철학자인 그는 고려대학교 교수였던 1987년에 '양심선언' 을 함과 동시에 대학을 그만두고 한의학 연구에 몰입했다. 한의사가 된 그는 '몸철학'에 의한 서양의학과 동양의학의 지양(止揚)을 목표로 하고 있다.

7) 민족정기(民族正氣)

한국인의 '몸'관(觀)의 유기체성은 그 국토관에도 강하게 드러난다. 즉, 한반도라는 국토 자체가 살아 있는 하나의 완벽한 생명체로 인식되고 있는 것이다. 이 생명체에는 세계에서 가장 순수하고 진정한 〈'기'의 에센스(精)=민족정기(民族正氣 혹은 民族精氣)〉가 흐르고 있다고 믿어지고 있다.

이 '기'는 반도 북단의 백두산에서 발하여 기맥(氣脈)을 타고 남하하여 반도 남단의 지리산으로 흐른다. 지리산에 도달한 '정기(精氣)'의 선봉은 바다 건너 일본으로부터 밀려오는 사기(邪氣)를 억누르기 위해서 항상 힘을 충만하게 하고 있다. 한반도를 호랑이의 모습으로 그린 그림을 본 적이 있는가? 호랑이의 척추가 바로 이 기맥이라고 생각하는 것이다.

민족정기라는 사상은 일본과 같은 사악한 탁기(濁氣)에 대항하기 위한 근거로, 민족이 위기에 처해 있을 때 특히 강조된다. 또한 근대화 과정에서 국민 통합을 꾀하기 위해 박정희(1917-1979) 대통령 등에 의해 대대적으로 주창되었다. 이 사상은 '기'를 표방하고 있지만, 사실 거기에서 말하고 있는 것은 그 '기'를 지배하는 도덕성, 즉 '리'라는 사실에 주목해야 한다.

8) 일제단맥설(日帝斷脈說)

한반도에 흐르는 순수하고 바른 '기'인 민족정기를 끊으려고 한 악랄한 '놈'이 있으니 그것이 바로 대일본제국이라고 믿고 있는 한국인이 많다. 식민지 시대에 일제는 조선의 '정기'를 끊고, 그것으로 이 국토의 생명력을 끊어, 이 땅에서 영원히 큰 인물이 배출되지 않도록 하는 음모를 꾀했다고 한다.

이를 위해 일제는 기맥이 흐르는 산 정상 등에 수많은 철심을 박았다. 이 철심에 의해 강한 '정기'의 흐름이 무참히 끊어져서 한반도의 생기(生氣. 기의 생명력)가 치명적인 상처를 입고 말았다는 것이다.

그뿐만이 아니다. 일제는 서울의 '기'도 파괴했다. 원래 수도 한성(漢城. 식민지 시대는 경성(京城), 현재는 서울)은 반도를 종단하는 기맥이 반도의 중앙에서 힘을 응축하는 장(場)이다. 일제는 그곳에 '대일본'이라는 글자의 형태를 이루도록, 조선총독부와 경성부청(京城府廳)을 지었다는 것이다. 또 식민지 시대에 철도를 부설할 때, 김유신(金庾信. 삼국 통일의 영웅. 595-673)의 분묘(墳墓)에 흐르는 '기'를 끊도록 경부선의 경주 부근 노선을 일부러 우회시켰다고 한다. 이 외에도 한국인이 믿고 있는 '일제단맥설'의 사례는 많이 있다.

호랑이 형태로 그린 한반도(김대희, 「근역강산맹호기상도」, 고려대학교박물관 소장)

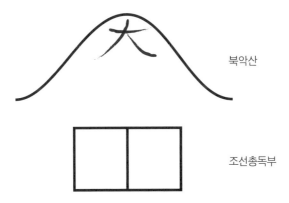

북악산

조선총독부

서울의 단맥도: 북악산은 '大' 자를 이루고 있고, 조선총독부는 '日', 경성부청은 '本' 자를 본떴다. 북쪽에서 오는 기맥을 끊고 '大日本'의 쐐기를 박았다고 한다.

9) 풍수지리라는 이름의 '리'

한국의 국토에 기맥이 흐르고 있다는 기맥설(氣脈說)도 그 근거는 땅의 '기'의 힘과 흐름에 관한 동아시아의 전통적인 거대한 이론 체계인 풍수지리설이다. 풍수지리란 땅의 '기' 자체가 아니라, '기'의 흐름과 힘의 질서, 즉 '리'를 말한다는 점을 잊어서는 안 된다. 그렇기 때문에 '지기(地氣)'라고 하지 않고 '지리(地理)'라고 하는 것이다.

한국의 풍수사(風水師) 사이에서 주자학은 대도(大道), 풍수는 소도(小道)라고 말해지고 있다. 즉 풍수의 '리'는 주자학의 '리'에 따른다[野崎充彦, 『한국의 풍수사들』, 人文書院, 1994.* 요컨대 〈풍수지리의 이데올로기=리〉를 지배하고 있는 것은 〈주자학의 이데올로기=리〉인 것이다.

90년대에 들어와 한국에서는 풍수지리가 재발견되어 크게 유행했다. 이것은 "기계문명에 지친 현대인이 자연과의 일체화로 회귀하고자 하는 심정의 표출"이라고 설명되었다.

그런데 여기에서 '자연'이란 '자연 그 자체'가 아니다. 자연을 어떤 가치에 의해서 질서 지운 것, 즉 '리로서의 자연'을 말한다. '리로서의 자연', 즉 하나의 이데올로기를 한국 사람들은 '자연 그 자체'라고 믿고 있다.

---

* 노자키 마츠히코 저, 『한국의 풍수사들』, 동도원, 2000

10) 서울의 리기적 구조

서울은 풍수지리에 의해 만들어진 왕도(王都)이기 때문에 서울의 구조를 설명할 때에는 풍수지리에 의거하는 것이 보통이다. 그러나 서울의 구조를 유교(성리학)에 의해 설명할 수도 있다. 성리학은 성선설의 입장으로, '성(性)'을 강에 비유하여 말하는 경우가 많다. 성(性)은 본래 물처럼 맑았는데 탁한 곳을 흐르면 더러워진다. 그러나 본래 선한 성은 모두 순결하다[36쪽].

서울에서 핵심이 되는 것은 청계천(淸溪川)이다. 청계천은 풍수지리적으로 말하면 서울의 내명당수(內明堂水)였는데[한강은 외명당수(外明堂水)], 성리학적으로 말하면 그 청탁에 의해서 서울의 신분 구조를 나타내는 강이다.

청계천의 상류 구역은 '우대'라고 하여, 여기에는 세도가라는 양반 귀족들이 살았다. 또한 중류 구역은 양반과 쌍놈의 중간 신분인 중인(中人)[144쪽]이 사는 곳이었다. 그리고 하류 구역은 '아래대'라고 하여, 장인(匠人)이나 상인 또는 군속(軍屬)이 살았다. 나아가서 서울의 성내(城內)에서 최하류인 광희문(光熙門) 근처에는, 깡패 소굴이 있고 거지나 포리(捕吏)가 살고, 또 전염병에 희생된 시체 등을 버리는 장소이기도 했다. 상류와는 동떨어진 탁기의 세계였던 그곳은 실로 여귀(厲鬼. 돌림병으로 죽은 사람의 귀신)가 난무하는 초자연적인 서울이었던 것이다.

11) 강북과 강남의 리기적 양극 구조

서울은 오랫동안 한강의 북쪽에 위치하는 수도였는데, 70년대 이래 한강의 남쪽으로 급속하게 확대되었다. 한강의 북쪽, 즉 강북은 전통적인 도시로, 왕궁터·청와대·주요관청·재벌본사 등이 집중되어 있고(단, 중앙 관청의 일부는 교외로 이전했다), 과거의 한성을 방불케 하는 한옥이나 재래시장이 즐비하다. 이와는 반대로 한강의 남쪽, 즉 강남은 70년대 이래 새롭게 개발된 지역으로 고층아파트가 늘어서 있는 가운데 고급 유흥장이나 최첨단 유행의 상점 등이 밀집해 있고 상류층이 산다.

강북은 전통적인 이념과 인습이 짙은 땅인 데 반해, 강남은 전통에서 벗어난 현대적인 혹은 초현대적인 실험장이었다. 새로운 마케팅은 모두 강남에서 시작되었다. 그 때문에 강북의 '구리(舊理)'로부터는 탁기의 땅으로 여겨지기도 하였다.

'강북적'이란 이념·이성·활자 문화·중추신경적인 것·'리'적인 것을 말한다. '강남적'이란 감각·감성·표층 문화·영상·오락·말초신경적인 것·'기'적인 것을 말한다. 그러나 90년대 이래로 감성적인 문화가 강북에도 침투하고, 서울 근교가 새롭게 개발되어 강남의 새로움이 희미해짐에 따라, 이와 같은 양극 구조는 급속하게 중화(中和)되고 있다.

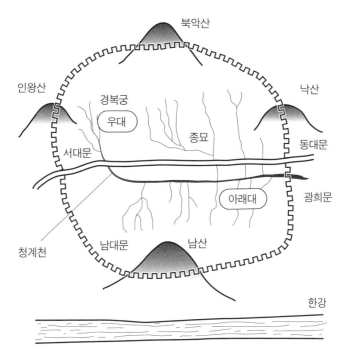

서울의 리기적 구조

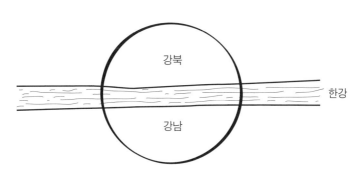

강북과 강남의 리기적 양극구조

12) 수리(數理) 신앙

한국민족은 우주를 아름다운 조화의 세계로 파악하고, 그것의 표현인 수리를 좋아한다. 이것은 전 세계의 고대 문화, 샤머니즘 문화에 자주 보이는 질서 지향이기도 하다.

한국인은 1과 2와 3을 특히 선호하는 경향이 있다. 하늘(天)·땅(地)·사람(人)의 삼재(三才)로 대표되는 3은 '3에 의한 세계 질서'를 나타낸다. 삼극(三極)·삼신(三神)·삼황(三皇)·삼한(三韓) 등, 고대의 우주 질서 신앙과 3이라는 수는 깊은 관계가 있다. 2는 음양사상으로 대표되는 것처럼 이원적 사고를 나타낸다. 한국인은 중국 사상인 음양의 세계관을 완전히 자기화하고 있다.

1은 한국인의 '한'과 밀접한 관계가 있다. 한국어의 '한'에는 '동경'[50쪽]의 의미 이외에도 〈큰·올바른·참된·오래된·전체·시작·같은〉 등의 다양한 의미가 있지만, 가장 중요한 것은 '하나'이다. 여기에 '수장(首長)'의 의미가 첨가되어(몽골의 '칸(汗)'이나 일본의 '카미(神)'와 어원이 같다고 여겨지고 있다), 독특한 '한'사상이 국수적으로 전개된다. 프로테스탄트 계열의 그리스도교에서 유일신을 '하나님(하나의 님)'이라고 부르는 것은, 이 민족의 〈한=하나〉 신앙의 표현이다. '한'이란 절대적인 '리'와 합일되고자 하는 '하나'에 대한 동경이다. 2도 3도 궁극적으로는 1(하나)에 수렴되는 것을 전제로 하고 있다.

13) 한철학과 한울철학

'한'이라는 생각을 철학 체계로까지 고양시키려는 노력이 '한철학'이라는 한국의 독특한 사상으로 결집되고 있다. "나라는 '한국', 그 나라에 사는 사람들은 '한겨레', 그들이 사용하는 문자는 '한글', 그리고 그들의 정신은 '한얼'이다. 이와 같은 한얼을 체계화한 것을 '한철학'이라고 한다." [김상일,『한철학』, 온누리, 1995]

'한'이 생명력에 넘쳐 살아 있을 때에는 나라도 활기에 넘쳐 있고, 반대로 '한'이 말라 죽어 갈 때에는 나라도 말라 죽는다고 한다. 그리고 일본은 '한'의 위력을 무서워하여 식민지 시대에 '한'의 혼을 빼앗으려고 책동했다고 한다.

이 '한'은 신으로까지 고양된다. "한이 인격화되어 최고 존재자, 즉 '하나님'이 될 때 '한의 신학(神學)'이 여기에서 시작된다." [김상일,『한철학』] 그것은 〈하나=1〉이라는 신의 유일성을 강조한 이름인데, 이와는 별도로 '하늘'을 강조하고 절대자를 '한울님'이라고 부르는 천도교의 사상도 중요하다. '한울(天)'이라는 말은 〈한=커다란〉, 〈울=범위=우리〉라는 의미로, 이것은 '대아(大我)'이다. 이 무궁한 대아와 〈나=소아(小我)〉가 동일하다는 것이 천도교의 인내천(人乃天)사상이라고 한다.[이돈화,『신인철학(新人哲學)』, 1930]

14) 천부경(天符經)

한국인의 수리 신앙의 결정이라고 할 수 있는 것이 『천부경』이다. 『삼국유사(三國遺事)』(고려의 일연(一然)이 1280년대에 편찬)에 환인(桓仁) 이 환웅(桓雄)에게 '천부인(天符印)'을 하사하였다는 기록이 있다. 이것 은 지금으로부터 수천 년 전의 일이라고 여겨진다.

현재 전하는 『천부경』이 수천 년 전의 것일 리는 없지만, 이것을 사 실로 믿고 있는 한국인도 적지 않다. 이 책은 민족종교인 대종교(大倧 敎)의 성전이기도 하다. 『천부경』은 '9×9=81자'로 되어 있는 문헌으로, 여기에 우주의 질서가 모두 쓰여 있다고 한다. 특히 '1→3→1'이라는 순환의 원리가 두드러진다. 그 해석은 다양하지만, 하나같이 한국인 의 깊고 한결같은 수리신앙을 나타내는 것이다.

中	本	衍	運	三	三	一	盡	一
天	本	萬	三	大	天	三	本	始
地	心	往	四	三	二	一	天	無
一	本	萬	成	合	三	積	一	始
一	太	來	環	六	地	十	一	一
終	陽	用	五	生	二	鉅	地	析
無	昂	變	七	七	三	無	一	三
終	明	不	一	八	人	匱	二	極
一	人	動	妙	九	二	化	人	無

『천부경』

15) 의상의 리리무애법계(理理無礙法界)

'리리무애법계'란 신라의 의상(義湘. 625-702)이 주장한 화엄철학의 개념이다. 의상은 당나라에서 화엄종 제2조(祖)인 지엄(智儼. 602-668)에게 사사(師事)하고, 화엄종을 집대성했다고 하는 제3조 법장(法藏. 643-712)의 동문 선배로서, 그의 화엄학에 영향을 끼쳤다. 화엄사상에서 사법계(事法界)·리법계(理法界)·리사무애법계(理事無礙法界)·사사무애법계(事事無礙法界)라는 네 개의 법계는 기본이다. 이것은 화엄종 제4조인 징관(澄觀. 738-839)에 의해 완성된 생각이다.

그런데 의상은 이 네 개 법계의 사상이 성립되기 이전에 '리리무애법계'라는 신기한 개념을 주장했다. 이것은 '리'에 어긋난 듯한 기묘한 생각이다. 즉 유일절대·평등무차별·융통편재(遍在)한 '리'(이것은 물론 주자학의 '리'가 아니라 화엄의 '리')들이 서로 무애하다(=장애가 없다)는 것은 대체 무슨 의미인가? 이에 대해서는 이즈쓰 도시히코(井筒俊彦. 1914-1993)가 이슬람 철학자 이븐 아라비(1165-1240)의 사상을 빌려 설명한 것이 참고할 만하다. 이즈쓰는 '리리무애법계'의 '리'란 유일하고 절대적인 '리'가 개별적인 '리'로 자기분절(自己分節)한 것이라고 생각한다(井筒俊彦, 『질서와 반질서(コスモスとアンチコスモス)』, 岩波書店, 1989). 그리고 이것은 주자학에서 말하는 '분수리(分殊理)'[68쪽]와 같은 것이다.

화엄일승법계도

화엄의 가르침의 정수를 시각화한 것으로, 의상의 작품이라고 전해지고 있다. 중앙의 '法' 자에서 시작하여 卍자형으로 이어지다 '佛'자로 끝난다.

16) '리' 신자는 '리의 안경'을 장착한다

90년대 전반에 『W이론을 만들자』(이면우, 지식산업사, 1992)라는 책이 한국에서 베스트셀러가 되었다. 일본에 대항해서 세계에 통용되는 상품을 만들기 위한 이론을 만들자는 내용이다. 디자인이나 상품화의 문제를 해결하기 위해서 갑자기 '이론을 만들자'라는 것이다. 이런 책이 베스트셀러가 되는 것이 한국인의 '리' 신앙의 특징이다. "이론을 만들기만 하면 좋은 상품을 만들 수 있다. 또 아무런 경험이 없어도 '이론을 만들자!'라고 결심만 하면, 그것은 반드시 만들 수 있다." 이와 같은 무서울 정도의 낙천주의로 일관되어 있는 것이 '리' 사회인 것이다.

또한 한국인은 항상 자신의 눈에 '리의 안경'을 쓰고 있다. 모든 것을 이것을 통해서 보기 때문에, 가령 한국 기업에서 일본 기업으로 연수하러 온 사원들은 하나같이 "일본에는 볼 게 없다"고 한다. 왜냐하면 일본 기업은 이론이 아니라 물건과 경험으로 움직이기 때문이다. 한국에서 어엿한 사람이라면 반드시 이런 대사를 읊조리지 않으면 안 되는 것은 비단 어제오늘의 일이 아니다.

조선 시대에 연행사(燕行使)로 청나라에 간 이들은 "중국에는 볼 게 없다"고 했다. 박제가(朴齊家. 호는 초정(楚亭). 1750-1805)는 이것을 두고 "모두가 눈에 막(膜)이 붙어 있어서 현실을 보고 있지 않다"고 비판하였다. 여기서 '막(膜)'이 곧 '리의 안경'이라는 것은 자명하다.

2. 리기의 문화 표징

1) 한글의 리기적 역사

ㅇ나 ㅁ나 작대기로 이루어진 퍼즐과 같은 신기한 문자, 기하학적이고 그림 기호 같은 문자, 이 한국의 문자를 '한글'이라고 한다. 여기에서 '한'은 '바르고(正) 크다(大)'는 뜻이고, '글'은 '문자'라는 의미이다.

그런데 '위대한 문자'라는 의미의 한글이라는 말은, 조선이 일본의 압박에 시달리던 근대 시기에 민족주의의 고양과 보조를 같이하여 새롭게 만들어진 명칭으로, 그 이전까지는 '언문'(諺文. 천한 백성의 문자)이나 '암글'(암컷의 문자. 여성 문자) 등으로 불리면서 비하되고 있었다.

그러다가 일본이라는 타자에 의해 민족이 억압받자, 한글 보급 운동이 마른 벌판에 불 붙듯이 전개되었다. 즉 조선 시대에는 '중화리(理)의 문자'인 한자(眞書)에 대해 '기의 문자'로 멸시되던 한글이, 일본이라는 탁기에 대항하기 위한 민족주의의 고양과 함께 재발견되어, 찬란한 '민족리(理)의 문자'로 승격된 것이다.

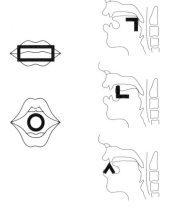

한글 자음은 소리를 낼 때의 입의 형태를 극도로 추상화한 것이다. 가령 'ㄴ'은 혀 끝이 윗잇몸에 닿는 모습을 본뜬 것이다.

2) 한글의 리기적 구조

실은 원래 세종대왕(재위 1418-1450)의 명에 의해 1443년에 창제되고 1446년에 '훈민정음'이라는 이름으로 반포된 이 문자는, 당시의 철학과 언어학의 틀을 구사하여 만든 논리적으로 완벽한 '이론적 문자'였다. 그 문자 구조를 해설한 글의 서두에 다음과 같이 쓰여져 있다.

"하늘과 땅 사이에 생명이 있는 것은 모두 음양(=氣)에서 벗어날 수 없다. 사람의 목소리(=氣)에도 모두 음양의 '리'가 있다. 단지 그것을 인간이 지각할 수 없을 뿐이다. 이 훈민정음도 작은 지혜를 부려 억지로 만든 것이 아니라 목소리의 음(=氣)에 따라서 그 '리'를 탐구한 것일 뿐이다. '리'는 하나이다. 그렇다고 하면 어째서 천지·귀신과 그 작용을 같이하지 못함이 있을 수 있겠는가?" [『훈민정음 해례본』「제자해(制字解)」]

이 자신에 넘친 선언은 조선 왕조 초기라는 문화의 황금시대의 정화(精華)이기도 하다. 당시의 주류 철학인 주자학의 '리기론'으로 질서의 문자를 만든 것이다. 한글의 자음은 모든 음(音)을 〈오행=기〉로 분류하고, 우주에서의 그 〈질서=리〉를 표현한 것이다. 가령 [n] 음은 헛소리(舌音)로, 혀는 불처럼 움직이기 때문에 오행으로 말하면 화(火)에 해당된다. 한편 한글의 모음은 천(天)·지(地)·인(人) 삼재(三才)의 위치 관계에 의해 〈음양=기〉의 '리'를 표현하도록 만들어졌다.

3) 국기(國旗)의 '리'

대한민국의 국기를 '태극기(太極旗)'라고 한다. 〈태극=리〉를 중심으로 『주역』의 괘(卦. 건(乾)·곤(坤)·리(離)·감(坎))를 주위에 배치한 것으로, 1883년에 국기로 공표되었다. 이 태극기야말로 주자학의 '리기'의 우주관을 그대로 응축시켜 표현한 것이다. 세계의 국기는 원래 그 나라의 이념을 표현하는 경우가 많은데, 태극기만큼 우주와 인간을 완벽하게 설명한 깃발도 드물 것이다. 또한 이것이 실제로 쓰인 용도도 항일과 독립이라는 '리'의 기치였다. 태극기의 흰 바탕에 "원수 일본 타도", "대한독립", "불원복"(不遠復. 머지 않아 국권을 회복한다. 원래는 "머지않아 되돌아온다"는 『주역』의 말)이라는 구호를 쓰고 혈서도 썼다.

일부 한국인은 태극은 중국에서 유입되기 이전부터 한국에 존재했다고 한다. 그렇기 때문에 태극기의 태극은 중국의 사상이 아니라 한국 본래의 사상이라는 것이다. 그러나 태극의 '철학성'은 중국 주자학을 순수화한 것에 다름 아니다. 태극기와 달리 일본의 국기(日の丸)는 철학이나 이념 즉 '리'를 나타낸 것이 아니다. 자연(태양)을 모사하여 추상화했을 뿐이다. 한국은 일본 국기의 디자인적인 단순화의 완벽성을 결코 좋게 평가하지 않는다. 거기에 나타난 무철학(無哲學)의 즉물적 추상성이 한국인에게는 일본 정신의 유치함을 드러내는 것으로 밖에 보이지 않기 때문이다.

4) 리의 아리랑과 기의 아리랑

한국인의 고난의 민족사를 상징하는 노래가 '아리랑'이다. 일제에
의해 나라를 빼앗겨 고향을 잃고 핍박받는 생활을 할 수밖에 없었던
민족의 비애가 깃들어 있다고 한다. 한국의 각지에 여러 종류의 아리
랑이 전승되고 있는데, 이 노래가 처음 유래한 지역도 시기도 확실하
지 않다. 가장 오래되었다고 하는 정선 아리랑을 시작으로, 대부분의
아리랑은 조선 시대의 젊은 남녀의 연정에 얽힌 노래였고, 고려의 유
신(遺臣)을 기리는 노래, 조선 시대의 뱃노래 등등, 원래는 일제와는
전혀 무관한 소박한 민요였다.

생활의 고통을 읊조리는 노래인가 하면, 사람들이 모이는 잔치에서
흥겹게 부르는 노래이기도 했다. 이것들은 '원판 아리랑'으로 조선 시
대 사람들의 정이 결집된 '기의 아리랑'이라고 할 수 있다. 그런데 이
노래가 식민지 시대에 들어오면, 나운규(羅雲奎. 1902-1937)가 각본을
쓰고 주연·감독한 영화 〈아리랑〉(1926)에서는 민족의 굴욕과 저항의
상징으로 불려지고, 또한 중국에서도 독립운동을 하는 사람들이 저
항과 독립을 위한 노래로 '광복군 아리랑' 등을 만들어 부르자, 일제에
대항하는 '민족의 노래'로 발전해 나갔다. 여기에서 아리랑은 민족리
(理)를 부여받아 '리의 아리랑'으로 다시 태어나게 된 것이다.

5) 요리(料理)의 리기적 구조

한국 요리는 궁정(宮廷)·양반의 '리의 요리'와 서민의 '기의 음식'으로 양분된다. '리의 요리'는 모두 〈소재=기〉의 논리로 이루어져 있다. 그것은 음양오행에 의한 우주의 질서와 병행하고 동시에 '몸'의 질서와도 병행하게 되어 있다.

'리의 요리'는 우주·자연의 대질서와 인간 '몸'의 소질서를, 우주·인간·요리의 동형성(同型性)에 근거하여 매개하는 것이다. 그렇기 때문에 '리의 요리'는 '리'의 태도로 먹어야 한다. '리'의 태도란 곧 예(禮)를 말한다. 예란 주자에 의하면, '천리의 절문'(天理之節文. 하늘의 이치가 분절된 질서의 무늬)이다.

이에 반해 '기의 음식'은 정념(情念)의 밥이다. 그것은 삶을 향한 서민의 에너지가 응축된 음식물이다. 리의 요리가 결코 맵지 않은 것과는 대조적으로 기의 음식에는 거친 '기'가 용솟음쳐서, 그 맛이 맵고 짜고 뜨겁고 진하다.

'기'의 음식은 '기'의 태도로 먹어야 한다. '기'의 태도란 곧 자유분방함을 말한다. 점잖음에서 해방되어 오로지 먹고 또 먹는다. 리의 요리를 '기'의 태도로 먹어서는 안 될 뿐만 아니라, 기의 음식을 '리'의 태도로 먹어서도 안 된다.

'리의 요리'의 대원반

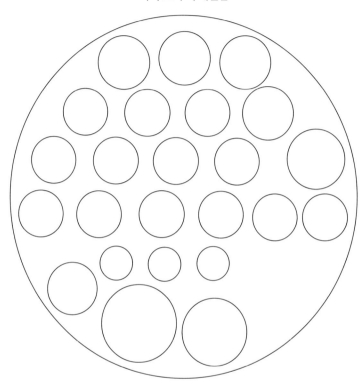

대원반의 코스모스

조선 시대에는 신분에 의해 요리의 가짓수가 정해져 있었다. 왕의 수라상은 5즙 12채. 그 내용도 엄격하게 정해져 있고, 오행(五行)의 오색(五色)을 조화시키는 등, 소재에도 정연한 우주적 질서를 반영시켰다.

3. 리기의 정신성

1) '멋'의 리기적 구조

한국인의 미의식은 '멋'이다. 구애됨이 없이 비상하는 듯한 경쾌함 · 담백함 · 깔끔함 등등. 이러한 표상으로 한국인은 '멋'을 느낀다. 이것들은 무엇을 의미하는가? 바로 '리'로부터의 일탈이다. '리'는 질서이고 천상 세계의 음악처럼 아름답지만, 결코 '멋'은 아니다. 리의 세계는 완벽하고 훌륭하지만 너무 완벽해서 재미가 없고 어깨가 뻐근해진다. '리'의 정연한 질서로부터 일탈하여 '리'의 견고함을 잠시 한쪽으로 치워 놓는 순간에 '멋'은 요동치며 번뜩인다. 그러나 '리'로부터 완전히 이탈해 버려서는 '리'의 왕국에서 존속할 수 없다. '죽어야 할 놈'이 되어 버리는 것이다. '멋'은 어디까지나 '어긋남 · 일탈'이다. 그래서 구애됨이 없이 깔끔하면서도 실은 견고하게 '리'에 달라붙어 매달려 있는 것이 '멋'의 본질이다. 일본의 '모노노아와래'(もののあはれ)*는 한(漢)의 '리'를 '거짓'[모토오리 노리나가(本居宣長)]으로 보았다. 그에 반해 '멋'은 어디까지나 '리'의 가치를 인정하는 지평에서 성립하고 있다.

---

* 모토오리 노리나가(本居宣長. 1730-1801)가 제시한 헤이안 시대(平安時代)의 문예 이념이자 미적 이념으로, 객관적인 대상을 나타내는 '모노(もの)'와 감정의 주체를 나타내는 '아와래'가 일치하는 데에서 생기는 조화로운 섬세한 미적 정취의 세계를 이념화한 것이다. 이것의 최고 절정이 바로 『겐지모노가타리(源氏物語)』이다.

2) '멋'은 '리'의 주위를 맴돈다

'멋'과 '리'의 절묘한 거리 감각은 양반의 면전에서 행해지는 판소리
[51쪽]나 탈춤을 보면 잘 알 수 있다. 그것들은 확실히 양반의 '리'를 비
판한다. 그러나 그것은 결코 '리'의 부정이 아니다. 오히려 본래적으로
는 '리'이어야 할 존재가 현실에서는 제대로 '리'를 실천하고 있지 않는
것을 비판하고, 이완된 유교의 질서를 다시 회복할 것을 지향하는 것
이다.

한국의 '멋'은 형식적으로는 너그럽고 틀에 구애받지 않는다. 이것
을 두고 "한국의 전통 예술은 자유롭다"고 말하는 사람도 있지만, 어
폐가 있는 규정이다. 왜냐하면 그것들은 형식적으로는 확실히 딱딱하
지 않고 자유분방하지만, 내용적으로는 리 · 정치 · 중심 · 도덕과 단
절되어 있는 것이 아니기 때문이다. 아니 오히려 항상 밀착되어 있다.
거기에 비해 일본의 미의식은 형식적으로는 자유롭지 않고 양식적인
'틀'에 지배되지만, 내용적으로는 리 · 정치 · 중심 · 도덕의 가치로부
터 자유롭고 무질서할 수 있다.

몰(沒)정치적 · 몰(沒)도덕적인 예능 · 예술은 유교 사회인 한국 사
회에서는 거의 자라나지 못한다. 그것은 예능이 아니라 원색적인 〈기
=욕망〉의 표출물로서 존재할 뿐이다.

한국의 '멋'은 해체적(schizo)이지만, 〈통합적(parano)=리〉의 손바닥
위에서 도주하면서 가치 지향의 안정을 위해 요동쳐대는 〈해체적=

기〉인 것이다.*

* '파라노(parano)'와 '스키조(schizo)'는 현대 프랑스철학자 들뢰즈와 가타리의 용어인 '파라
노이아(paranoia)'와 '스키조프레니아(schizophrenia)'의 약자이다. 파라노는 편집적·통합
적으로 사물을 파악하여 제도 내에 안주하는 보수적 경향으로, 생산을 기반으로 하는 근
대 문명의 특징을 나타낸다. 반면에 스키조는 항상 제도나 질서로부터 벗어나는 비정주적
(非定住的)·분열적 경향으로, 소비를 중심으로 하는 탈근대사회의 모델이다. 이 말은 아
사다 아키라(浅田彰)가 『逃走論-スキゾキッズの冒険』(도주론-스키조 키즈의 모험, 筑摩
書房, 1984)에서 인간을 '스키조 인간'과 '파라노 인간'으로 분류한 데에서 일본 사회에 유
행하였다. 이 책은 우리말로 번역되어 있다(문아영 역, 민음사, 1999; 개정판, 2012)

3) 천재가 태어나는 나라

한국 혹은 넓게 유교 국가에서는 자주 예술 등의 천재가 태어난다. 한국에서는 음악이나 바둑, 스포츠 등의 천재가 태어나고 있다.

클래식 분야에서는 첼리스트 정명화(1944-)·바이올리니스트 정경화(1948-)·지휘자 겸 피아니스트 정명훈(1953-)의 세 사람이 세계에서 '정트리오'라고 불리는 천재 남매·자매이다. 또 바이올린의 사라 장(1980-), 첼로의 장한나(1982-) 등도 어려서부터 세계에 이름을 날린 천재 소녀들이다. 줄리아드 음악 학교 등 서양의 예술 학교는 지금 한국인 학생들로 넘치고 있다.

천원지방(天圓地方)의 '리'의 게임인 바둑 역시 한국인이 잘하는 분야이다. 이창호(1975-)야말로 한국이 낳은 최고의 바둑 신동이었다. 또한 일본에서 명인·기성·본인방의 삼관왕으로 1998년에는 사상 처음으로 본인방전의 10연패를 달성한 조치훈(1956-)은 한국에서 태이난 한국인이다.

이시다 요시오(石田芳夫)는 "깊이 있는 수읽기로 뒷받침된 바둑 기술과 체력 그리고 기력의 삼박자를 갖춘 종합력은 발군"[《아사히신문(朝日新聞)》]이라고 평가하고 있다. 이것을 우리의 리기학의 용어로 번역하면, 수리를 파악하는 '리'적 능력과 그것과 합치되는 '기'로서의 깨끗한 '몸'을 겸비하고 있다는 의미가 된다.

4) 스포츠의 천재

스포츠 세계에서도 한국은 천재들을 배출하고 있다. 박세리(1977-)
는 1998년에 사상 최연소로 전미여자프로, 전미여자오픈의 메이저 대
회에서 2연패하며 데뷔한 천재 여자골퍼이다. 마치 풍수사가 대지에
손바닥을 대고 귀신처럼 '기'의 흐름을 맞추듯이, 그녀는 잔디 아래에
흐르는 지맥을 귀신처럼 감지하여 절묘한 퍼트를 한다.

또한 야구에서는 박찬호(1973-)나 선동열(1963-)과 같은 명투수가
배출되었다. 게다가 양궁에서 한국 선수의 활약은, 올림픽에서도 다
른 나라의 추종을 불허하는 등 멀리 신라 시대의 신궁(神弓)을 방불케
하기에 충분하다.

그리고 마라톤으로 넘어가면, 베를린 올림픽의 손기정(1912-2002)은
일장기를 달고 우승했다. 또 바르세로나 올림픽에서 우승한 황영조
(1970-)는 일본 선수와의 열전에서 신들린 듯이 몸이 가벼워져 결승점
에 골인했다고 한다.

골프 · 양궁 · 야구 · 마라톤 등에 공통되는 것은 무엇인가? 그것은
과녁을 향해 아름답게 고동치며 흐르는 〈결=리〉를 귀신처럼 정확하
게 감지하고, 기백을 담아서 단번에 과녁으로 질주하고 도달하는 놀
랄 만한 신체 능력이다.

5) 천재 ─ '리'와 합일하는 경지

그들은 대체 무엇에 뛰어난 것인가? 그들이 잘하는 분야는 모두 '리'와 일체화되는 기술이다. 자연의 수의 움직임, '기'의 흐름, 그것을 영묘하게 아는 천재이다. 〈맥의 구조=리〉를 살펴서 그것과 합일되는 것이다. 신동들이 행하는 연주나 연극은 마치 초월적인 하늘의 의지가 인간에게 씌어 움직이게 하는 것과 같다.

이것을 '신들리다'고 한다. 자유자재로움이 그대로 '리'의 궁극적인 미 그 자체가 되는, 자유분방과 질서가 완전히 합일된 경지이다. 자신의 '기'를 극한까지 맑게 함으로써 '리'의 전체를 청명하게 드러낼 수 있는 신 같은 존재, 그것이 한국의 혹은 유교 사회에서의 천재이다.

그러나 음악이나 바둑이나 스포츠는 규칙으로서의 '리'가 미리 정해져 있는 것이다. 구조나 세계관으로서의 '리'를 완전히 새롭게 만들어내는 것이 아니라, 기존의 '정리(定理)'의 아름다운 질서와 완벽하게 합일될 수 있는 재능이다.

이 정해진 규칙으로서의 정리(定理)에서 해방될 때 한국에서는 과학 등의 분야에서도 천재가 출현할 것이다.

6) 리의 스포츠와 기의 스포츠

한국에는 '효자종목'이라는 말이 있다. "동계올림픽에서 쇼트트랙은 가장 많은 금메달을 기대할 수 있는 효자종목이다." '민족자존심'이라는 '리'에 봉사하는 종목, 즉 민족이라는 '아버지'에 봉사하는 '효자'에만 국민의 관심이 집중된다. 태권도는 원래 다리기술을 많이 사용하는 태견이라는 '기의 유희'였는데, 해방 후에 이것을 〈민족의 무예=리의 태권도〉로 승화시켰다. 일본의 가라테를 적대시하여 이것을 제압하고 전 세계에 세력을 확대하여 올림픽 종목으로 상승시키기 위해서 싸웠다.

운동선수는 지금까지는 기 진영의 존재였다. 리계(理界)에 들어갈 수 있는 것은 〈국가나 민족을 빛낸 선수=영웅=자랑스런 우리 아들 딸들〉뿐이다. 한국의 야구 실력은 이제 아시아 최강을 겨룰 정도이지만, 고교 야구를 하는 학교는 극히 적다. 즉 대중화하여 저변을 넓히는 것이 아니라 어디까지나 엘리트만을 양성하는 것이다. 박세리 역시 골프 선수로서 순수하게 존경받았다기보다는 '민족의 효녀'로서 칭찬받았다. 취미의 골프는 부자들의 '기의 스포츠'로, 도덕성이 결여되어 있기 때문에 항상 비난의 대상이 되고, 공무원에게는 자주 골프 금지령이 내려진다. 박세리의 출현으로 골프가 민족을 빛내기 위한 '리의 스포츠'로 인정받자, 골프 영재 교육열이 한국에서 치열하게 전개되었다.

7) 괜찮다

한국인의 국민성을 말할 때 반드시 등장하는 '괜찮다'도 리기와 깊은 관계가 있다. '괜찮다'는 '문제없다'·'아무렇지도 않다'·'상관없다'는 의미로, 엄밀성·엄격성을 요구하지 않고 적당히 끝낼 때 사용한다. 어원적으로는 '관계가 없다'라는 의미이다.

후루타 히로시(古田博司)에 의하면, 일본인은 "스미마셍(済みません)"이라고 사과하면서 문제를 해결하고 한국인은 "스미마스(済みます)"라고 큰소리치며 문제를 해결한다. "그 과실은 우리와는 직접 관계가 없습니다. 따라서 이것으로 끝내겠습니다(済みます.)"[古田博司, 『서울의 유학자들』, 草風館, 1988]라고 한다는 것이다.

'괜찮다'는 '기의 세계'의 말이다. 해당 사물이나 사건이 우리의 '리'에 관계되는 중대함을 지니지 않을 때 이 말을 한다. '괜찮다'는 한국인의 적당함과 넉넉함의 상징으로 여겨진다. 일본인은 세부에까지 신경을 쓰지 않으면 마음이 개운하지 않는데, 한국인은 전혀 그렇지 않다.

이 '괜찮다' 정신을 부정적으로 말하는 사람은 이것 때문에 한국인은 물건을 만들 때 대충대충 하여 다리가 무너지고 백화점이 붕괴된다고 한다. 그러나 한국인이 '괜찮다'를 애용하는 것을 보고 "한국인은 대충대충 하는 사람들이다"라고 성급히 결론내리는 것은 오류이다.

8) 따지다

'기의 공간'에서는 '괜찮다'의 분위기가 지배하지만, 물론 언제나 모두가 기의 공간인 것만은 아니다(61쪽). 그리고 리의 공간에서는 '괜찮다'는 결코 허용되지 않는다. 거기에서는 '따지다'가 지배한다.

'따지다'란 '규명하다'·'잘잘못을 밝히다'는 의미이다. 일본인처럼 일처리를 애매하게 하지 않고, 철저하게 따지고 추궁하고 끝까지 공격한다. 주자는 "리가 없으면 사물(事物)은 없다"고 했다. 즉 '리'를 따지지 않으면 물(物)도 사(事)도 시작되지 않는다는 것이다.

이 '따지다'는 "한국인은 이론적이고 까다롭다"라는 이미지를 만드는 데 가장 큰 영향을 끼친다. '괜찮다'의 관용적인 이미지와는 정반대이다. '리'와 관계되지 않는 일에는 대단히 관용적이지만 '리'와 관계되는 일에는 대단히 엄격한 것이 한국인이다.

한국인은 '리의 세계'에서는 엄격히 '따지고', '기의 세계'에서는 관용적인 태도로 '괜찮다'고 한다. 이것을 오해하여 〈한국인=관용적〉이라고 생각해서는 결코 안 된다.

9) 장인의 공예와 '한'

한국에서 '물건(物)'은 오랫동안 〈리=보편적 도덕〉으로부터 버려진 천한 존재였다. 물건을 만들어 파는 인간도 천하다고 여겨졌다. 일본의 경우에는 상품 하나하나에 정성과 고마움이 담겨 있어 물건을 사는 사람도 선물하는 사람도 그 정성과 고마움으로 교감하는 관계가 성립하였다(이 아름다운 공동(共同)의 환상은 이제 붕괴되고 있지만).

그러나 한국에서는 상품에 담겨 있는 것은 정성이 아니라 '한'이었다. 〈리=보편적 도덕〉에서 소외된 자가 〈한=동경과 비애〉를 물건에다 푸는 것이다.

도자기를 보아도 일본에서는 'XX燒(야키)'라는 작고 폐쇄된 세계가 여기저기에 많이 만들어져 각각 열심히 그 세계를 지켜 가는데, 조선 백자의 경우에는 거대한 '리'에 의해 버려진 '한'이 덧없는 꿈처럼 하나의 그릇으로 응결된 것이다.

한국에서 공예품이 '작품'이 된 것은 식민지 시대에 장인이 보호받고 나서의 일이다. 그때까지 멸시받고 있던 장인은 일본의 조선 취향에 의해 '조선 미술'의 담당자로 높게 평가받게 되었다. 그때부터 그들은 생활에서 유리된 창작 작업을 하여 타락하게 되었다고 한국의 민족주의적인 미술 평론가들은 비판하고 있다.

10) 공예의 역사

조선 시대에는 왕·양반·사대부라는, '리'를 담당해야 하는 계층이 확고하게 존재하였기 때문에 장인의 '한'은 그 나름대로 논리적인 정합성을 지니고 있었다. 즉 그 '한'은 정당하고 정통적인 '한'이었던 것이다. 사람들은 거리낌 없이 '올바른 한'에 몸을 맡길 수 있었다. 그렇기 때문에 심한 차별을 받은 전라도 지역에서는 '한'을 승화시켜 결코 정교하지는 않지만 유치함과도 거리가 먼 절묘한 공예가 행해지고 있었던 것이다. 그런데 '리'를 담당해서는 안 되는 '놈'이 지배자가 된 일제 식민지 시대 이후에 〈보편적 도덕=리〉의 논리성은 붕괴되고, 동시에 '한'도 정당성과 정통성을 상실했다. 그래서 전통적인 공예의 에토스[관습]도 붕괴된 것이다.

해방 후에도 고도 성장기의 한국은 도덕성이 결여되고 '리'의 담당자로서 걸맞지 않다고 여겨지는 군인이 지배하였기 때문에 물건이 이중, 삼중으로 소외되었다. 그리고 개발독제 체제하에서의 물건 제조 현장에서는 폭력적인 착취와 강제가 횡행하였다. 그 때문에 물건은 마치 삐뚤어진 '한'을 쏟아내듯이 만들어지고 팔리고 소비되었다. 불량품은 수출되지 않고 국내에서 팔릴 정도로 물건에 얽힌 모순이 심화되었다. 물건에 맺힌 '한'은 점점 삐뚤어져 물건은 모순의 혼으로서 폭력적으로 존재하게 되었다.

11) 공예와 '괜찮다'

확실히 공업(工)이나 상업(商)은 '리'로부터 억압받고 있었기 때문에 '괜찮다'가 버젓이 통하고 있었다. 물건을 만들어 파는 행위는 어차피 '리'와는 무관한 것이라는 자포자기 의식이 이 나라에는 뿌리 깊었다. 그것이 물건을 만들고 파는 에토스였다. 그러나 여기에서 "한국의 물건은 대충대충이다"라는 명제를 만고불변의 진리로 생각한다면 그것은 오류이다. 왜인가? 주자학적 사회는 변혁과 개혁에 여념이 없는 사회이기 때문이다[183-200쪽].

즉 이 경우에 공예라는 작업에 '리'를 부여해 주면 되는 것이다. 그렇게 되면 공예에 깃들어 있던 '괜찮다'가 소멸되고, '한'은 비애의 측면이 아니라 상승에 대한 동경의 측면이 강조되게 된다. 그리고 '리의 세계'의 가치관인 '따지다'가 깃들인 공예는 새로운 상승을 위한 사다리가 될 수 있는 것이다. 실제로 정밀한 물건 만들기, 한 치의 오차도 없는 '공(工)'의 기예를 세계의 젊은 기술자들이 다투는 *기능올림픽*에서 한국은 이미 세계 1위의 실력을 뽐내는 존재가 되었다. 역으로 과거에 기능입국(技能立國)을 구가하던 일본은 이제 기능올림픽에서 밀려나고 말았다. 이 '정교한 공예'라는 에토스가 장차 올림픽이라는 '민족리(理)'를 발양하는 장이 아닌, 동네 공장에서의 일상적인 공예에도 반영될 것인가? 여기가 승부의 갈림길이다.

12) 리기의 상상력

이 나라의 고급스런 상상력은 '리'에서 벗어날 수 없다. 문학도 유교의 '문이재도'(文以載道. 문학에 〈도=리〉를 싣는다)의 전통을 이어받고 있어 '리'에서 벗어나거나 '리' 자체를 파괴하는 것은 없다. '리'에 봉사하든가 아니면 현실 권력으로서의 '리'를 비판하여 새로운 '리'를 수립하려는 것이 대부분이다.

연세대학교 마광수(1951-2017) 교수가 여대생의 자유로운 성생활을 그린 소설 『즐거운 사라』를 발표하자, 소설은 판매 금지되고 마 교수는 체포되어 유죄판결을 받고 대학에서 직위 해제되는 사태가 벌어졌다(1992). 그런데 왜 이렇게까지 반향을 불러일으킨 것일까?

그것은 마 교수의 신분이 명문 대학 교수라는 '리의 신분'이었던 것과, 그의 의도가 단순히 포르노 책을 써서 사람들의 욕정을 일시적으로 자극하려고 했기 때문이 아니라, 이 나라의 유교 윤리를 깨트리고자 하는 이념에 의거했기 때문이다. 즉, 마 교수는 '리의 포르노'를 써서 국가에 반역한 것으로 그 결과 '문란한 성'이 '리'를 획득하게 되는 위험성을 국가권력이 극도로 두려워한 것이다. 거리에 방치된 외설스럽고 저급한 성상품을 국가리(理)가 멸시하고 부정하는 것은 물론이지만, 그보다 더 무서운 것은 그것들이 주제넘게 '리'를 획득하는 사태인 것이다.

13) 종교와 현실

한국에서는 종교도 세속을 초월해 있을 여유가 없다. 종교는 정치
적 가치와 너무나도 깊은 관계를 맺고 있다. 이 나라의 종교는 오히려
종교성을 순수하게 추구하기보다는, 현실 정치에 깊게 관여하고 현실
을 변혁하는 세력이 될 때 높게 평가받는 측면이 있다. 예를 들면 항
일운동이나 민주화투쟁에서 종교가 수행한 역할은 극히 지대하였다.
그리스도교 없이 독립운동이나 반독재투쟁을 생각하는 것은 결코 불
가능하다.

신부나 목사는 성당이나 교회에서 정치 이야기를 빈번히 한다. 민
주화운동이 성행했던 때에는 김수환 추기경의 한마디 한마디가 정국
의 움직임에 중대한 영향력을 행사하였다. 또한 한국 불교계는 민주
화운동에서 그리스도교가 수행한 절대적인 역할과는 달리, 정권에 유
착해 왔다고 비판받아 왔다. 그러나 90년대에 들어와서 이제까지의
체질을 바꾸려고 젊은 개혁 승려들이 들고 일어났다.

"정권이 바뀌면 종교 인구도 바뀐다"거나 "김영삼 대통령은 그리스
도교 신자여서 불교 탄압을 한 것이다"라는 말이 나돌았듯이, 이 나라
의 정치권력과 종교의 관계는 깊다. 이것은 '리'의 쟁탈전이기도 하다.
각 종교에 내재하는 '리'와 현실 정치권력의 '리'가 대립과 갈등과 타협
을 반복하면서 주도권 싸움을 하고 있는 것이다.

14) '리의 승려'와 '기의 승려'

조선의 승려에는 이판(理判)과 사판(事判)의 구별이 있었다. 이것은 조선 후기에 발생했다고 한다. 이판승(理判僧)이란 '수행을 하고 도를 닦는 깨끗한 승려'(修法求道의 淸僧)를 말하고, 사판승(理判僧)이란 '사찰의 사무에 종사하는 승려'를 말한다[다카하시 도오루(高橋亨), 『이조불교(李朝佛教)』, 大阪宝文館, 1929]. 즉 이판은 불도의 수행에 힘쓰는 '리의 승'이고, 사판은 재산 관리 등의 세속적 업무에 종사하는 '기의 승'이다. 이것은 이념에 종사하는 자가 상위이고 사무에 종사하는 자는 하위라고 하는, '리' 지향성이 불교계에 드러난 것이다.

이판승은 '좋은 승려,' 사판승은 '나쁜 승려'라는 이미지는 뿌리 깊다. 그러나 현실적으로는 "불교 탄압 정책하에 조선의 불교 교단이 조선 말기까지 불법을 계승하고 법맥을 유지할 수 있었던 것은 이판승이 있었기 때문이고, 또한 불교 사원의 황폐화를 막고 불교계의 사찰 재산을 안전하게 확보할 수 있었던 것은 사판승의 공적이었다."[가마다 시게오(鎌田茂雄), 『조선불교사(朝鮮仏教史)』, 東京大学出版会, 1987, 한국어판, 신현숙 역, 민족사, 2004] 이판과 사판은 둘 다 없어서는 안 되는 존재였고, "떨어져 있지도 않고 붙어 있지도 않다"고 하는 '리'와 '기'의 관계[77쪽] 그 자체였던 것이다. 그러나 이판승과 사판승의 갈등은 오늘날에도 계속되고 있다. 〈사판승=수구파, 이판승=개혁파〉라는 도식하에 불교계의 개혁에 커다란 쟁점의 하나가 되고 있다.

15) '리의 그리스도교'와 '기의 그리스도교'

한국에서는 도시에서도 농촌에서도 건물의 옥상에 세워진 십자가
가 두드러진다. 밤이 되면 그것들은 진홍색이나 주황색 불빛으로 빛
나고, 이를 보고 있노라면 '십자가들이 꽃피는 나라'라는 인상을 받는
다. 인구 네 명 중에 한 명이 그리스도교를 믿고 있는 것이다.

이 나라에서 그리스도교의 종파는 다양하지만, 그것을 크게 '리의
그리스도교'와 '기의 그리스도교'로 나눌 수 있다.

'리의 그리스도교'는 전래 당시부터 지식인들이 믿었다. 그때까지
유교의 천리(天理)를 믿고 있던 지식인들이 유교를 대신하는 '새로운
천리'로서 그리스도교를 믿게 된 것이다. 이것은 저항의 논리가 되어
식민지 시대의 항일운동이나 군사정권 시대의 반독재운동의 정신적
근거가 되었다.

이에 반해 '기의 그리스도교'는 전래 당시부터 서민들이 믿었다. 그
때까지 불교나 샤머니즘에 의한 치유와 공덕을 신봉하고 있던 서민들
이, 그것을 대신하는 '새로운 치유와 공덕'으로 그리스도교를 믿게 된
것이다. 이것은 가난하고 학대받는 민중의 영혼 구제도 담당하게 되
어, 병도 고치고 정신적 고통도 달래 주는 의지처가 되었다.

16) 북한의 리기적 이데올로기

'리'와 '기'의 세계관을 대담하게도 국가의 근본 이데올로기로 정식화한 것이 북한이다. 이것을 '사회정치적 생명체론'이라고 한다. 이 논리는 먼저 인간의 생명을 육체적 생명과 사회정치적 생명으로 나누어 설명한다.

인간은 모두 자신의 육체와 육체적 생명을 부모에게 받는데, 이것만으로는 진정한 인간이라고 할 수 없다. 참으로 자주성을 갖고 삶의 보람이 있는 인간이 되기 위해서는 혁명 도덕에 충실히 살아가는 사회정치적 생명을 지니지 않으면 안 된다. 그리고 이 영원한 사회정치적 생명을 부여하는 것은 '어버이 수령'인 김일성이다.

여기에서는 인간의 생명을 육체성과 도덕성으로 양분하고 있다. 전자는 '기의 생명'이고 후자는 '리의 생명'이라고 할 수 있다. 그리고 전자보다 후자 쪽이 더 중요하다고 말한다.

〈기의 생명=육체적 생명〉으로만 사는 자는 저열하고, 〈리의 생명=사회정치적 생명〉으로 사는 자야말로 국가의 주인이다. 이것이 바로 북한이라는 리기사회주의 국가의 사상적 완성체였다.

5장

리理와 기氣의 사회구조

1. 도덕 지향성과 지식인

1) 조선의 유교는 공리공론이 아니다

앞에서 본 바와 같이[20쪽] 조선 유학자들은 공리공론을 일삼지는 않았다. 그들은 생생한 현실 정치를 담당하고 있었고, 그렇기 때문에 그들의 이론은 항상 현실과 결부되어 있었다. 조선 유학사에서의 수많은 논쟁도 '논쟁을 위한 논쟁'이 아니라 현실과 깊은 관계를 맺고 있었다.

역으로 에도(江戶) 시대의 일본 유학자들은 현실 정치를 담당하고 있지 않았으며, 생생한 현실 속에 들어가는 정도는 조선 유학자들과는 비교도 되지 않을 정도로 낮고 얕았다. 그렇기 때문에 오히려 일본 유학자들이 그럴 듯한 말이나 공리공론(空理空論)을 말할 수 있었던 것이다.

조선 유학자들은 그럴 듯한 말로 끝나는 것이 아니라, 전생이나 경제와 같이 진흙탕 같은 현실의 용광로 속에서 살았다. 조선 유학자들은 전쟁이나 경제로부터 벗어날 수 없었고, 일본 유학자들은 벗어날 수 있었다.

그런 의미에서 조선 유교는 정통 유교이고 일본 유교는 정통 유교가 아니다. "조선 유학자는 공리공론을 일삼았다"라는 말을 유포시킨 일본인들은 유교의 본질을 몰랐던 것이다.

2) 한국의 지식인은 용감하고 일본의 지식인은 연약하다

일본에서는 "지식인은 약하다"라고, 한국에서는 "지식인은 강하다"라고 여겨지고 있다. 일본에서는 〈말=논리〉는 연약한 도구이고, 칼은 용감한 도구라고 여겨진다. 역으로 한국에서는 〈말=논리〉가 용감한 도구이고, 칼은 연약한 도구라고 여겨진다. 여기에서 '용감하다'는 것은 싸운다는 것이고, '연약하다'는 것은 싸움을 회피한다는 것이다.

그래서 일본의 소년들은 "남자라면 말로 따지지 마!'라고 교육받고, 한국의 소년들은 〈웅변=논리〉를 연마하기 위해서 웅변전문학원에 보내진다. 일본에서는 말은 싸움을 회피하는 도구이고, 칼이야말로 싸우는 도구이다.

역으로 한국에서는 칼은 싸움을 회피하는 도구이고, 말이야말로 싸우는 도구이다. 자신이 믿는 도덕을 손에 들고 언어를 연마하여 그 날카로움으로 죽음을 건 승부에 나선다. 지면 삼족(三族. 부모·형제·처자)이 희생될지도 모른다. 이것이 바로 말싸움이 죽음을 걸 정도로 격렬해지지 않을 수 없는 이유이다. 유교 사회의 지식인은 죽을 때까지 도덕으로 싸우는 격투기 선수인 것이다.

"한국인은 문약(文弱)하다"고 규정한 메이지(明治) 시대의 일본인은 '문(文)'이 무엇인지를 아직 알지 못했다. 한국의 지식인은 문약(文弱)하지 않고 오히려 '문강(文强)'했던 것이다.

3) 조선 지식인의 유형과 역할

한국 사회의 주역은 무엇이었는가? 첫째도 지식인, 둘째도 지식인, 셋째도 지식인이었다. 이것은 조선 시대부터 1980년대에 이르기까지 면면히 이어져 온 한국 사회의 커다란 특징이다. 그렇기 때문에 우리 일본인은 한국의 지식인을 이해하지 않으면 안 된다.

그런데 지식인이라고 해도 그 유형은 실로 다양하다. 이것을 일면적으로 파악하면 조선 사회의 구조도, 그 역동성도 이해할 수 없다.

'양반.' 한국에 조금이라도 관심이 있는 사람은 이 말을 자주 듣게된다. 일본에서는 조선의 지식인층이라고 하면 '양반'이라는 말로 대표하는 것이 보통이다. 그러나 사실 이것은 단편적인 이해에 지나지 않는다. 양반이란 고려 · 조선 시대에 사회적으로 '훌륭한 사람'에 대한 호칭의 하나이다.

예를 들면 한국의 유교 연구자 · 역사 연구자 사이에서는 조선 시대의 지식인을 가리킬 때 '양반'이라는 말은 별로 사용하지 않고 '사대부'라는 말을 애용한다. 또한 한국의 서민들 사이에서는, 조선 시대의 대표적인 지식인의 유형은 '양반'이 아니라 '선비'[135쪽]이다. 여기에는 이유가 있다. 이하에서 그 이유를 해명해 보자.

4) 이미지로서의 유형

조선의 지식인은 다양하지만, 나는 그것을 ① 양반 ② 사대부(士大夫) ③ 선비의 세 유형으로 나누어서 생각한다.

그러나 이것은 현재 한국인이 지니고 있는 일반적인 유형적 이미지이지, 역사적 사실로서의 용어를 말하는 것은 아니다. 역사적으로는 훨씬 애매하고 복잡한 관계를 이루고 있다. 원래 역사적으로 양반에 대해 엄밀한 정의를 내리는 것은 지극히 곤란하다.

예를 들면, 연암 박지원(1737-1805)은 책을 읽는 지식인을 '사(士),' 정치에 종사하는 지식인을 '대부(大夫),' 덕이 있는 지식인을 '군자(君子)'로 분류하고, 양반을 '사족의 존칭(士族之尊稱)'이라고 하였다[『양반전(兩班傳)』]. 즉 그가 말하는 양반이란 사대부나 선비 등을 포함하는 총칭 내지는 존칭으로, 여기에서 내가 말하는 '이미지로서의 협의의 양반'과는 다른 개념이다.

나의 모델은 조선 지식인의 다양한 유형을, 양반·사대부·선비의 세 가지로 인위적으로 이미지화한 것이다. 오늘날의 이미지로 말한다면, 가령 양반이라는 말에는 착취계급·보수성·세도정치(특정 가문의 권력독점)의 병폐와 같은 나쁜 이미지가 따라다닌다. 그러나 사대부라는 말에는 신선하고 혁신적인 이미지가 부여되고 있다.

5) 양반=도덕+권력+부

과거(科擧) 관료는 문반(東班)과 무반(西班)으로 나뉘어졌는데, 이에 대한 총칭이 문무 양반(文武兩班)으로, 양반이라는 말은 여기서 유래하였다. 시대가 내려감에 따라 양반은 신분·계급으로 고정화·세습화되어 갔다. 그러나 완전한 세습제는 아니기 때문에 귀족이라고는 할 수 없다. 그렇다고 해서 완전한 과거 관료라고도 말할 수 없다. 왜냐하면 과거에 합격한 양반은 자손의 3대까지 양반으로 인정받았기 때문이다. 이와 같이 양반이란 상당히 애매하고 특수한 존재이다.

오늘날로 말하면 귀족 이미지에 가깝고, 권세와 부를 자랑하는 존재라는 이미지가 강하다. 훌륭한 가문의 양반이라고 하면 지체가 높고 위풍이 당당한 모습이 연상된다. 가장 강렬한 인상을 남기고 있는 것은, 왕의 외척으로 정치를 좌지우지한 세도가들이다.

그러나 역으로 민중을 고통받게 하고, 무위도식하며, 권모술수에 세월 가는 줄 모르는 니쁜 이미지도 있어, TV의 코미디 프로에서는 자주 야유의 대상이 된다. 당리당략밖에 생각하지 않고, 이권을 쫓아다니며, 정실주의로 정권을 좌지우지하는 악당, 혹은 얼굴이 기름지고 몸이 비대한 집권 여당 정치가의 이미지가 있다고 할 수도 있다. 이처럼 '양반'은 더러운 이미지로 점철되어 있기도 하다.

6) 사대부=도덕+권력

사대부는 관료이자 지식인이다. 과거에 합격한 사(士)라는 측면이 강조되고, 그렇기 때문에 귀족적인 이미지는 전혀 없다. 오늘날에는 '정치를 담당하는 지적 엘리트'라는 이미지를 강하게 풍기고 있다. 권력을 지니고 권력을 지향하지만 부(富)와는 선을 긋는다. 물론 관료로서 정당한 부는 손에 넣지만, 그들의 부에 '더러움'이나 '불결함'의 이미지는 없다. 이상정치에 매진하는 좋은 이미지를 갖고 있고 청결하고 깨끗하며 깔끔한 이미지도 있다. 더러운 이미지, 나쁜 이미지가 거의 없는 것이 특징이다.

사대부는 이상주의적이면서도 강한 현실감각을 지닌다. 현실적으로는 여당인 경우라도, 특히 양반의 이미지와 대조될 때에는 야당의 이미지를 강하게 풍긴다. 정권을 담당할 능력이 있으면서 정권교체를 노리는 야당 같은 이미지가 강하다. 조선 역사에서 '사림(士林)'이나 '신진사류(新進士類)' 등이 주자학을 받들면서 수구세력과 전면전을 벌였는데 이들이야말로 전형적인 사대부의 이미지이다.

또 인물로 말하면 이율곡이 대표적이다[48쪽]. 과거 시험에 아홉 번이나 수석으로 합격하고, 젊어서 정계에 등장한 천재 이율곡은 이상정치의 실현에 불탔다. 그는 또한 나라의 녹을 먹는 이로서 항상 수기치인(修己治人. 자기를 수양하여 남을 다스리는 것)에 힘썼다.

7) 선비=도덕

선비란 학문이 있는 사람을 가리키며 특히 벼슬하지 않은 사람을 말한다. 한자로는 '士'라고 쓴다. 권력과 부를 가까이하는 것을 거부하고 오로지 학문의 세계에 침잠하여 이상만을 추구하는 자가 선비의 진면목이다. 때문은 권력이나 부에 의해 몸을 더럽히지 않기 때문에 선비는 흠집이 없다. 분명 선비는 한양에도 있었겠지만, 그보다는 시골에 틀어박혀 뜻을 같이하는 후진 양성에 매진한다는 이미지가 강하다. 재야의 반골(反骨)이야말로 선비정신의 표상이다. 정권을 담당하거나 정계에 진출할 마음은 전혀 없고, 현실에 대한 비판에만 주력하는 야당 내지는 재야 지식인이라는 이미지이다.

실제로는 경제적으로 윤택한 경우에도 그의 부(富)에는 탁하다는 인상은 없다. 역사상 선비 이미지의 대표적인 인물은 이퇴계[27, 139쪽]이다. 그는 몇 차례 벼슬한 것을 제외하고는, 상경하여 벼슬하라는 왕명을 거듭 물리치면서 경상도의 시골에서 학문을 연마하며 수많은 제자를 길러 냈다. 선비는 살아 있는 비판 정신이 생명인데, 그것이 풋내기 식으로 겉돌게 되면 '샌님'이 되어 상민(常民)에게 놀림받는다. 샌님은 벼슬도 감투도 없고, 현실을 모르는 원리주의적 도학자(道學者)로, 가난한 생활을 하면서 세상 모든 것에 항상 분개하는 자이다.

8) 양반·사대부·선비와 도덕 쟁탈전

정리하자면 조선 시대 지식인의 이미지 유형은 다음과 같다.

양반 = 도덕 + 권력 + 부
사대부 = 도덕 + 권력
선비 = 도덕

유교에서는 도덕과 권력과 부는 이상적으로는 삼위일체여야 한다
고 생각한다[21쪽]. 그러나 현실적으로는 이 삼위일체는 절망적일 정
도로 불가능에 가깝다. 왜냐하면 도덕은 권력과 부와 결합되는 순간,
그 결합 여하에 따라 쉽게 부도덕(非理)으로 전락하기 때문이다. 여기
에서 도덕 쟁탈전이 전개되게 된다. 이것은 도덕을 내세워 권력을 잡
은 세력이 얼마나 도덕적이지 않은가를 폭로하는 싸움이다.

예를 들면, 사대부나 선비는 항상 과거 시험에 대해 비판을 한다.
이것은 과거가 응시자의 현실 타파를 지향하는 도덕적 잠재력 내지는
도덕적 달성을 테스트하는 것이 아니라, 오로지 현실 추종만을 양산
해 내는 '사장지학(詞章之學)'을 일삼는다고 하는, 과거의 공리주의적
성격에 대한 비판이다.

9) 양반·사대부·선비의 투쟁 구조

이 도덕 쟁탈전은 어떠한 경과를 거치는 것일까? 먼저 앞의 도식에서, 양반·사대부·선비의 각각의 도덕의 내용은 다르다. 기본적으로는 모두 주자학의 틀 안에 있지만, 주자학에 대한 해석이 다른 것이다.

야당인 사대부는 여당인 양반의 도덕을 공격한다. 그들의 도덕 내용 자체, 그리고 권력·부와의 결합 관계에 비리가 있다는 것이다. 이 공격이 멋지게 성공하면 양반 세력은 전복되고 사대부가 정권의 중추에 오르게 된다.

그런데 핵심 권력과 부를 손에 넣은 사대부는 쉽게 귀족화·보수화되어 버린다. 사대부의 양반화인 것이다. 여기에서 다시 새롭게 등장한 사대부(과거에는 양반이었지만 지금은 야당으로 전락한 세력일 수도 있다)가 이번에는 신(新)양반(과거의 사대부)을 위와 같은 이유로 공격하게 된다. 그리고 공격이 성공하면 신양반 세력은 무너진다. 새로운 사대부가 또 신신양반이 된다.

유교 정치는 이것의 반복이다. 바로 여기에 유교 정치의 역동성이 있다. 이 소용돌이 속에서 선비는 항상 핵심 권력의 밖에 몸을 두고, 양반과 사대부의 도덕을 싸잡아서 공격한다. 그들은 정권을 잡을 생각은 없다. 그래서 그 도덕이 상처가 없고 흠집이 없는 것이다.

10) 사림의 '리'가 훈구파를 공격

조선의 역사는 이와 같은 도덕 쟁탈전으로 점철되어 있다. 하나의 예를 들어 보자. 14세기 말에 새로운 왕조 조선의 개국 공신들은, 시간이 흐르자 중앙 정계에서 급속하게 보수화 · 귀족화되어 갔다. 권력(높은 관직)과 부(대토지)를 소유했기 때문이다.

여기에 혜성처럼 등장한 것이 사림이라는 세력이었다. 사림은 지방에 기반을 둔 중소 지주(中小地主) 출신의 신진 관료이자 주자학의 〈도학=리〉의 화신으로, 훈구파와의 투쟁을 거쳐 신진사류(新進士類)로 성장해 나갔다. 이들은 앞에서 서술한 유형 가운데 '사대부 이미지'를 지니는 전형적인 존재이다[134쪽].

반면에 훈구파(勳舊派)란 조선 건국 이래의 관료학자, 특히 제7대 왕 세조(재위 1455-1468)가 왕위를 찬탈한 때의 공신들로, 높은 관직과 대토지를 얻고 보수화 · 귀족화한 자들이다. 앞의 분류로 말하면 전형적인 '양반 이미지'를 지니고 있었다[133쪽]. 사림은 훈구파의 도덕을 공격한다. 더럽혀진 권력과 부로 인해 이미 부패된 도덕이라는 것이다. 그리고 이 공격은 그들의 학문에 대한 비판이기도 하다. 공리적인 사장지학(詞章之學)을 일삼는 훈구파에 대해서, 이상적인 유교 사회의 건설을 부르짖는 사림은 주자학의 '리'를 떠받든다. 이것이야말로 전형적인 사대부에 의한 양반 공격이다[137쪽].

11) '리'의 위기와 조선화(朝鮮化)

그러나 사림은 전후 네 차례에 걸친, 훈구파에 의한 극심한 탄압을 받게 된다. 이것을 '사화(士禍)'라고 하는데, 1498년에서 1545년 사이에 수없이 많은 신진 사대부들이 주살·유배되는 처참한 권력 다툼(政爭)이었다. 이 사화의 유혈 속에서 '리'는 위축되기는커녕 역으로 불굴의 생명력을 획득해 간다. 위기와 역경에서야말로 '리'는 찬란히 빛나는 것이다[86쪽].

그리고 마침내 이 사림의 흐름 속에서 '리기론'이라는 새로운 사상을 무기로 한 세력들이 혜성처럼 등장하자, 조선 주자학은 독자적인 발전을 이루게 된다. 그때까지만 해도 사대부들은 중국 주자학의 도입에 여념이 없었는데, 이퇴계가 등장하자[27쪽, 135쪽] 주자학은 비로소 조선화되었다.

이퇴계는 마지막 사화에 휘말린 뒤 선비로서 영남(경상도)에 칩거하여 '리'의 역동성을 주장하고 '리의 절학'을 건립하었다. 이것이 조선 주자학의 커다란 특징인 리존기비(理尊氣卑)의 큰 물줄기가 된다. 이퇴계보다 조금 늦게 천재 사상가 이율곡이 등장한다[48쪽, 134쪽]. 이퇴계(영남학파)·이율곡(기호학파)의 양대 학파는 그 후 조선 사상을 양분하는 거대한 조류가 되어, 왕조가 멸망할 때까지 도도하게 흐르게 된다.

12) 당쟁의 시대로

16세기에 사화가 종식되고, 사림은 신진 세력으로서 중앙 정계에서 주도권을 잡게 된다. 그러자 이번에는 사림 중에서 정권 핵심을 장악하는 세력과 그것에 대항하여 도덕을 내세우는 세력이 서로 대치하는 사태가 발생한다. 여기에서 그 유명한 '당쟁'이 시작된다. 사림은 먼저 1575년에 동인과 서인으로 분열되고, 그 후 동인은 북인과 남인으로, 서인은 노론과 소론으로 각각 분열되었다. 이 노·소·남·북의 네 당파를 '사색(四色)'이라고 하고, 사색 당파가 수백 년에 걸쳐 격렬한 정권 투쟁을 되풀이하게 된다.

한 당파가 정권을 장악하면 주자학 해석의 정통성 등을 방패 삼아 다른 당파를 격렬하게 탄압하고 배척한다. 그러면 탄압받은 쪽은 집권 세력의 부패와 비리를 폭로함으로써 그것을 타도하고 자신들이 정권을 장악한다. 이 과정에서 사색은 더욱 세분화되면서 '리'를 둘러싼 쟁탈전은 면면히 이어졌다.

일본의 식민지 사학이나 북한의 마르크스주의사관 및 한국의 근대화주의자들은, 이 당쟁을 조선 시대 최대의 부정적인 유산이라고 규정했다. 조선을 정체시킨 주요 원인이라는 것이다. 확실히 '근대'라는 시점에서 보면 그럴 것이다. 그러나 그것은 아직 완전히 주자학화되지 않은 조선을 어떻게 하면 급진적으로 주자학화시킬 것인가를 둘러싼 철학적 정쟁(政爭)이기도 하였다.

13) 지식인의 유형과 서울의 거주지

한편 양반 · 사대부 · 선비라는 세 유형은, 거주지에 의해서도 그 이미지를 환기시키기에 충분하다.

서울로 말하면 왕궁 주변의 이른바 '북촌(北村)'에 살면서 권력의 핵심을 쥔 권문세가는 대양반 이미지의 대표이다. 당파로서는 노론(老論. 이율곡의 계통에서 나와서 조선후기에 정권을 장악했다)이 많이 살았고, 특히 안동 김씨는 대표적인 권문세가였다. 그래서 북촌은 서민에게 '인왕산 호랑이와 양반 호랑이'라는 두 호랑이가 사는 무서운 땅이었다.

한편 남쪽에 사는 고급 관료들은 사대부의 이미지이다. 또한 권력과 부로부터 배제되어 남산 기슭의 '남촌(南村)'에 모여 살면서, 체제 속에 들어가 있는 양반을 비판하는 사람들은 선비의 이미지이다. 당파로서는 남인(주로 이퇴계의 계통)이 많이 살았다. 그들은 조선 후기에는 노론과의 당파 싸움에서 패해, 관직에도 오르지 못한 채 정권에 대한 비판 이념을 갈고 닦았다. 남인 중에서는 저명한 실학자나 한국 최초의 그리스도교 세례자도 나왔다.

이 외에도 남촌에는 남인뿐만 아니라 수많은 가난한 선비가 모여 살았기 때문에 지금도 그 땅은 선비의 상징인 '문(文)'을 따서 '필동(筆洞)'이나 '묵정동(墨井洞)'이라는 지명으로 불리고 있다.

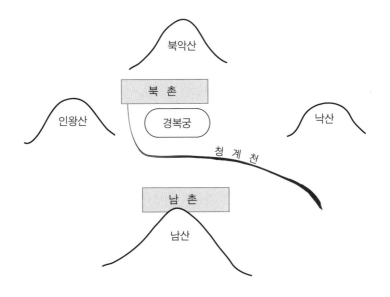

북촌과 남촌

14) 넓은 의미의 '양반 지향'과 좁은 의미의 '양반 지향'을 구별한다

'훌륭한 사람'은 어느 사회에서도 모범이 된다. 특히 한국인은 훌륭하게 되려고 상승하는 지향이 대단히 강하다[46쪽]. 한국인의 이 상승 지향을 '양반 지향,' 즉 모두가 양반이 되고 싶어하는 것이라고 이해하는 것이 일본에서는 일반적인데, 그것은 대략적인 넓은 의미에서의 양반 개념에 의한 이해에 지나지 않는다.

넓은 의미의 '양반 지향'은 조선 후기부터 전체 인구 중에서 양반이 차지하는 수가 계속해서 늘어난 것을 가리킨다. 상민(常民)이 돈으로 양반이 되는 일이 횡행하고, 노비가 양반이 되는 예도 있었다. 그리고 마침내 오늘날에는 거의 모든 한국인이 족보를 가지고 거의 모든 사람이 "우리 조상은 양반이다"라고 주장한다. 생활이나 의식도 양반적인 것을 지향한다. 이것이 넓은 의미의 '양반 지향'이다.

물론 이것은 커다란 흐름으로서 존재하지만, 이와 같이 일방적이고 단순한 움직임으로만 파악하면 한국 사회의 역동성이 보이지 않게 된다. 한국인은 자기가 목표로 하는 인간상의 종류에 따라, 크게 나누어 (좁은 의미의) 양반 지향·사대부 지향·선비 지향이라는 적어도 세 가지 방향으로 상승하고 있다. 이것들을 결코 혼동하지 않아야 되는 이유는, 이 방향들이 서로 격렬하게 충돌하고 있고, 바로 여기에서 한국 사회의 '힘'이 생겨나고 있기 때문이다.

15) 양반 지향 · 사대부 지향 · 선비 지향

여기에서 말하는 좁은 의미의 '양반 지향'은 도덕 · 권력 · 부를 똑같이 중시하고, 이 세 가지를 동시에 장악하는 것을 인생의 목표로 삼는 것을 가리킨다. '사대부 지향'은 부보다는 도덕과 권력의 장악을 목표로 한다. '선비 지향'은 권력이나 부와는 거리를 두고 도덕에만 매진하는 것이다. 이 세 가지 지향성은 한국 사회의 방향을 결정할 정도로 중요하기 때문에 주목할 만하다.

한편, 이것들과는 별도로 한국에는 '중인 지향'도 존재한다. '중인(中人)'이란 조선 시대에 기술직에 종사하고 있던 세습가문으로 신분적으로는 넓은 의미의 양반과 상민의 중간에 위치하고, 양반으로부터는 엄격하게 차별받고 신분 상승도 불가능하였다. 그러나 과거의 잡과(雜科)를 통해서 기술관이 되고, 통역 · 의학 · 법률 · 천문학 등의 전문 지식을 섭렵하였기 때문에, 강대한 세력을 형성하고 경제적으로도 풍요로워 어떤 이들은 양반을 능가할 정도였다. 오늘날의 한국인이 법조계와 의학계에 대한 지향이 강한 것은 과거에 중인의 일이었던 법과 의술이 근대 이래로 양반적인 직업으로 격상되고, 게다가 풍부한 경제력을 손에 넣을 수 있기 때문이다. 또한 외국어 습득에 대한 열정에 사로잡혀 있는 이유도, 하나는 외국의 '리'에 육박하기 때문이지만, 다른 하나는 '중인 지향' 때문이기도 하다. 어쨌든지 간에 현대의 중인은 과거와 같은 낮은 신분이 아니라 도덕성이 부여되어 있다.

16) 세 가지 지향과 한국의 근대화

1960년대 이래의 한국의 민주화운동·반독재운동은 지식인과 학생들의 사대부 지향과 선비 지향이라는 두 측면의 산물이다. 전자는 군인(武) 정권에 대항하는 문(文)의 정치권력 지향이고, 후자는 독재 부패정권에 대한 도덕적 결벽 지향이다. 이 둘을 혼동해서는 안 된다. 전자는 정치 투쟁을 통해서 정치가가 되는 것과 같은 현실적인 권력을 지향하여 마침내는 문민정권을 성립시켰다. 이에 반해 후자는 어디까지나 비판 세력으로서 권력이나 부에는 다가가지 않고 재야에서 몸을 청결하게 했다.

그러나 양자를 근저에서 묶는 것이 있다. 그것은 내적으로는 지식인의 도덕적 자율·자유 지향이고, 외적으로는 외계의 부도덕한 존재 즉 일본이나 때로는 미국에 대한 배외지향(排外志向)이다.

또한 한국에서는 근대화·경제발전과 함께 상공업과 같이 종래에는 천시된 활동에 도덕성을 부여하는 작업이 행해져 왔다. 그것은 근대국가 건설·일본 이기기(克日)·세계화라는 민족주의적인 정당성 및 정통성이라는 '리'이다[170쪽]. 이와 같은 도덕적 정당성과 정통성을 부여받은 경제 종사자들은 자기를 사대부 지향적 인간으로 인식하고 정당화하면서, 양심의 가책 없이 일에 매진할 수 있었던 것이다.

17) 완벽 지향성

선비 지향은 양반 지향과 사대부 지향을 모두 객관화하고 비판할 수 있는 입장에 있지만, 자칫 탁함을 배척하고 청결함을 추구하는 도가 지나치면, 뜻은 고결했지만 결과적으로는 뜻을 이루지 못한 채 실패로 끝난 사람으로 치부되게 된다. 실패자·좌절자는 영원히 깨끗하고 아름답고 흠이 없다. 매월당 김시습(1435-1493)이나 김삿갓(1807-1863)과 같은 광인(狂人)을 가장한 일탈자나 방랑하는 시혼(詩魂)들은 지금도 여전히 한국인의 인기를 끌고 있다. 불굴의 독립운동가·항일 테러리즘의 영수·정도(正道)의 민족주의자였던 백범 김구(1876-1949)는 해방 후의 정권에 참여하지 않고 암살자의 흉탄에 쓰러졌기 때문에 더욱 그 완벽성을 유지하여 인기가 높다.

이 외에도 수많은 '아무것도 하지 않은 사람들' 혹은 '좌절한 사람들'의 겹겹이 쌓인 시체, 악에 끝까지 항거한 수많은 의사·열사, 왜놈에게 죽어 간 지사, 요절한 시인, 다시 여기에 '한'을 품으면서 죽어간 원혼들이 추가된다. 이것은 일본의 한간비이키(判官贔屓)*와 같은 패자에 대한 심미적 애석·동정·공감이라기보다는, 도덕적인 억울함·통곡·의분(義憤)이라는 측면이 강하다. 어디까지나 도덕 지향적인 아픔인 것이다.

---

* 비극적 영웅인 판관(判官) 미나모토 요시츠네(源義経. 1159-1189)를 동정하는 마음으로, 일반적으로는 약자·패자를 동정하고 성원하는 감정을 말한다.

18) 하강 지향성

한국인은 강렬한 상승 지향을 양식으로 삼아서 살아가지만, 이 나라에 하강 지향이 없는 것은 아니다. 유학자의 세계에는 "재야로 내려간다"는 인생 철학이 있었고, 그것을 자랑스럽게도 생각하였다. 실제로 재야에 내려가서 고상하고 멋있게 산 문인(文人)도 많다.

예를 들면 청담 이중환(1690-1756)은 그의 저서 『택리지(擇里志)』에서 몰락하여 은둔하는 선비의 미학을 말하고 있다. 또한 현대 한국에서 학생운동이 한창 성행했을 때에는 최고학부 엘리트 대학생이면서 혁명을 위해 밑바닥의 영세 공장 등에서 신분을 감추며 일하는 위장 취업도 많았다.

그러나 이 모든 것들은 때를 만나지 못한 선비의 올바른(도덕적인) 행위로서, 공자 시대로부터 면면히 이어져 내려온 정도(正道)이다. 즉 이것들은 모두 '상승하는 하강'인 것이다. 단순한 하강이 아니라, '리가 있는 하강'·'리를 향한 하강'이다.

하강해서 재야에 숨어 살며, 남루한 옷을 걸치고 바람을 벗 삼아, 부패한 고위층들을 언젠가는 쳐부수기 위한 사색에 잠긴다. 이것이야말로 선비의 멋이라고 할 수 있지 않을까?

2. 리기의 혈연 공동체

1) 산 자와 죽은 자가 함께 사는 사회

한국의 인구는 약 5,100만이라고 하는데, 이것은 어떤 의미에서는 정확하지 않다. '혼의 공동체'로서의 한국의 인구는 5,100만보다도 훨씬 많을 것이다.

왜인가? 한국은 산 자와 죽은 자가 함께 사는 사회이기 때문이다. 한국에는 산 자만이 살고 있는 것이 아니다. 죽은 자도 같은 공간에서 생생하게 살고 있다. 생생하게 살고 있는 죽은 자란 누구인가? 그것은 혼이다.

생물학적인 죽음을 맞이한 한국인은 혼(魂. 정신)과 백(魄. 육체)으로 분리된다. 백은 땅으로 돌아가고 혼은 하늘로 올라가는데, 혼은 곧바로 승천하는 것이 아니라 '떠도는 혼령'이 되어 산 자의 주위에 떠돌아다닌다고 생각되고 있다.

혼 자체는 '기'이지만 이 세계에도 '리'의 질서가 존재한다. 그것은 가령 떠도는 혼령으로서의 혼이, 사라져 버리는 것이 아니라 과연 언제까지 떠도는가에 대한 '이론(理論)'이다.

2) 귀신과의 풍부한 교류

혼이 떠도는 기간은 대략 3년이라고 하는데, 이 기간이 지나면 전기가 꺼지듯이 갑자기 하늘로 사라지는 것이 아니라, 서서히 소멸해 간다는 것이다. 완전히 소멸되기까지의 기간에 관해서는 논쟁이 있지만 현재는 대개 4대에 걸쳐 혼이 소멸되지 않는다고 여겨지고 있다. 혼은 떠돌면서 혈연관계에 있는 산 자와 영적인 교류를 계속한다.

후손이 제사를 지내면서 제사상에 과일·과자·채소·탕·적·떡·밥·술·고기(果菓菜湯炙餅飯酒脯)와 같은 제사음식을 바치면, 혼들은 집에 모여들어 왕성하게 식사를 한다. 산 자들은 혼이 먹고 남긴 것을 고맙게 먹는다. 여자들에게는 산 자만이 아니라 죽은 자, 즉 혼에게 바칠 식사를 준비하는 것이 지극히 중요한 역할이었다.

조선 시대에는 신분에 따라 제사 지내는 혼의 범위가 정해져 있었다. 삼품(三品) 이상은 4대(고조부)까지 제사를 지내지만, 서민은 부모까지만 제사를 지냈다. 이것이 갑오개혁의 신분차별 철폐령에 의해 1895년부터는 모든 사람이 4대까지 제사를 지낼 수 있게 되었다. 또한 조선 시대에는 신분에 따라 만들 수 있는 묘지의 크기도 정해져 있었다. 조선의 신분 구분은 산 자만이 아니라 죽은 자(혼과 백의 쌍방)에 대해서도 행해진 것이다.

3) 함께 사는 것의 쉬움과 어려움

이런 사회에서는 '동일한 피'를 공유한 산 자와 죽은 자가 함께 사는 것이 어렵지 않다. 조상의 혼의 '기'와 동질(同質)의 자손의 '기'가 서로 감응하여 화기애애한 공동체를 구성한다. 이것을 '동기감응(同氣感應)'이라고 한다. 말 그대로 같은 '기'가 감응하는 것인데 그 감응하는 방식이 '리'이다. 즉 '피'는 현상적으로는 '기'이지만, 그 구조가 '리'인 것이다[151쪽]. 그리고 '피'에 있어서는, 그것의 구조·질서·규범이야말로 가장 중요한 요소이다.

한편 이 사회에서는 '동일한 피'를 공유하지 않은 산 자끼리는 함께 사는 것이 쉽지 않다. '기'의 관계에서는 허물없는 사이가 되지만 〈피=리〉가 개재되면 그렇지 못하다. 이 결함을 메우기 위해서 다양한 종교나 정치가 서로 모르는 이들 사이에 공동체 의식을 뿌리내리게 하려고 혼신의 노력을 기울여 왔다. 거기에는 "함께 살자"라는 슬로건이 항상 주창된다. '남'을 '가족'이나 '우리'와 동일하게 느끼자는 것이다. 한국 사회에서 '남'은 깊은 어둠의 저편에 있는 존재이다. 그것을 인식하는 것은 하나의 모험이다. 그렇기 때문에 '남'을 인식시킬 때에는, '남'을 '우리'화하기 위한 이념을 개발하여 교화하지 않으면 안 된다[160쪽, 209쪽]. 귀신 감응 공동체에서 국민국가로의 전환이 근대화와 함께 계속되고 있다.

4) 몸의 문화사회적 질서

한국에는 "아버지로부터 '뼈'를 받고 어머니로부터 '살'을 받는다"라는 말이 있다. 이것은 한국인의 '몸'에 갖추어진 육체적 질서[89쪽]를 말하는 것이 아니라 문화사회적인 질서를 말하는 것이다. 이 질서는 살·피·뼈의 세 요소로 이루어져 있다.

먼저 '살'은 물질로서의 육체를 가리킨다. 보약으로 보신하는[89쪽] 것은 이 '살'로서의 '몸'이다. 이것은 인간의 육체성 그 자체, 즉 '기' 그 자체이다.

다음으로 '피'는 공동의 환상에 의해 성립하는 '리'의 질서이다. 혈통이라는 이름의 '리'의 역사를 극명하게 기술한 책자가 바로 족보이다 [152쪽].

마지막으로 '뼈'는 '기'이지만 〈피=리〉라는 환상과 〈살=기〉라는 현실을 길흉에 의해서 횡단시키고 연결시키는 매개체이다. 즉 '뼈'는 죽은 후에도 '백(魄)'[148쪽]으로 묘지 속에 남는다.

산 자는 때때로 죽은 자의 묘를 파헤쳐 뼈의 상태를 보고 〈자신의 삶=살〉과 〈혈족의 운명=피〉에 끼치는 영향을 추측한다. 조상의 뼈의 상태가 나쁘면 자손의 삶과 혈족의 운명은 흉하게 되고, 뼈의 상태가 좋으면 길하게 된다.

5) 족보

한국인은 족보라는 것을 가지고 있다. 족보는 부계(父系)의 '피'의 분화와 연결을 시조에서 현재에 이르기까지 세밀하게 기록한 일족(一族)의 도표이다. 즉 '피'라는 '리'의 장치를 체계화하고 도식화한 것이 족보이다.

이것은 또한 '리'와 귀신을 연결시키고 질서 지우는 매개체이다. 왜냐하면 이 도표를 보면 죽은 자인 조상과 자기의 관계가 시공을 초월하여 순식간에 이해되기 때문이다. 귀신들과의 '피'의 질서상에서 수치화된 서열을 항상 확인하면서, 일족(一族)의 '피'의 역사 속에서 사는 것이다.

족보는 허구이지만 현실성을 지닌다. 족보의 허구성이 가장 잘 드러나는 때는 모계(母系)의 '피'를 어떻게 처리할 것인가라는 문제에서이다. 즉 이 도표에는 모계의 '피'의 연속성은 기록되지 않는다. 예를 들면 동성동본의 남녀는 결혼할 수 없었다. 그 이유는 근친상간을 피하기 위해서라고 한다.

그러나 이것은 허구이다. 부계의 '피'라는 환상의 체계에만 초점을 맞춘 논리에 지나지 않는다. 그렇기 때문에 여성 단체 등은 '동성동본 결혼금지'라는 허구의 규정에 반대해 온 것이다. 결국 민법은 개정되었다.

6) 죽은 자의 의지 · 죽은 자의 욕망

죽은 자들은 이 세계에 살아 있으면서 혈연관계에 있는 산 자와 이따금씩 관계를 맺고 싶어 한다. 산 자가 죽은 자를 차갑게 대하면, 죽은 자는 기분이 나빠져 산 자를 괴롭힌다. 또한 '한'이 풀리지 않고 맺힌 채로 죽은 혼은 원혼이 되어 산 자를 몹시 괴롭힌다. 이럴 때에는 '무당'이 '굿'을 해서 원혼의 〈한=동경〉을 풀어 준다. 결혼 전의 처녀가 죽으면 처녀귀신이 되는데, 이는 가장 두려운 일이다. 이 경우에는 결혼 전에 죽은 남자와 영혼결혼을 시켜 주면 〈한=동경〉이 풀린다고 믿어지고 있다.

죽은 자는 자기의 못자리(陰宅)가 불편해도 산 자에게 고통을 준다. 묘에 물이 괴거나 하여 '뼈'의 상태가 나빠지면 자손에게 재앙을 주며 불편을 호소한다. 산 자는 재앙을 피하기 위해 풍수지리를 따라 묘의 위치에 신경을 쓰고, 때로는 묘를 파헤쳐서 뼈의 상태를 관찰하며[151쪽], 나아가서는 더 좋은 곳으로 이장하기도 한다. 한국에서는 양택(陽宅. 산 자의 집)보다도 음택(陰宅. 죽은 자의 집=묘)에 관한 풍수가 더욱 성행하였고 지금도 그러하다.

죽은 자는 춤을 추고 흐느껴 울며, 떼를 쓰고 위협하며, 산 자와 거래를 한다. 산 자는 항상 죽은 자와 커뮤니케이션을 하면서 죽은 자의 기분이 상하지 않도록 세심한 주의를 기울여야 한다. 귀신은 산 자에게 있어서는 무서우면서 동시에 친근감 가는 존재이다.

7) '리의 효도'와 '기의 효도'

유교의 '효'란 일본에서의 '효행'을 말하는 것이 아니다. 그것은 '생명의 연속에 대한 자각'[加地伸行, 이근우 옮김, 『침묵의 종교 유교』, 경담, 2002]이다. 조상→나→자손으로 이어지는 이 생명이 실은 도도하게 흐르는 대하와 같이 이어지고 있음을 자각하는 것이다.

'효도'에는 '리의 효도'와 '기의 효도'가 있다. 기의 효도는 뼈와 살의 연속성에 초점을 맞춘다. "자식은 부모의 육체의 복사물이다"[加地伸行, 『침묵의 종교-유교』]라는 강렬한 자각에 기초하고 있다. 부모의 육체의 질서를 유지하기 위한 효행은 자기의 육체의 연장에 대한 애정이다. 그렇기 때문에 과거에는 단지(斷指. 손가락을 끊어 피를 약으로 부모에게 마시게 하는 것)나 할고(割股. 허벅지의 살을 약으로 먹게 하는 것), 상분(嘗糞. 부모의 똥을 맛보아 병의 상태를 진단하는 것)을 마다하지 않는 사람이 있었다.

이에 반해 리의 효도는 물질적인 육체보다는 피에 초점을 맞춘다. 피의 연속성의 유지를 무엇보다도 우선시하는 것이다. 여자를 배제한 제사는 리의 효도의 전형이다. 피란 리이기 때문에[151쪽], 무엇을 가지고 피라고 볼 것인지를 둘러싼 입장의 차이에 따라 리의 효도의 내용은 달라진다. 피를 가계(家系)에서 민족으로까지 확대하면, '민족의 피에 대한 효도'라는 개념이 성립한다. '민족의 피'를 위해 피를 바친 '민족의 아들딸들'은 효성의 영혼(英魂)이다.

8) 가정(집)이라는 시스템

한국 사회는 어디까지나 상승 지향 사회인데[46쪽], 이 사회에는 본인의 자질 또는 가정환경 문제로 사회적으로 '님'이 되지 못하고 좌절하는 사람도 많다. 그들은 방치해 두면 패배자가 되고 불만분자로서 질서 파괴자가 될지도 모른다.

그런데 그들은 유교 사회에서는 패배자가 되지 않는다. 그 사람들을 구제하고 동시에 사회의 안전을 보장하는 시스템으로서 '가정(집)'이 기능하기 때문이다.

사회의 어떤 하층계급이나 좌절자일지라도 결혼해서 아이만 가지면 '집'의 담당자가 될 수 있다. 그리고 거기에서는 아버님·어머님이라는 '님'이 될 수 있다.

아무리 열등한 인간일지라도 '가정(집)'만 가지면 '님'이 될 수 있다! 이와 같이 '가정'이란 사회의 '큰 시스템'(신분 질서·정치 질서)을 유지하기 위한 완충장치로서의 '삭은 시스템'이다.

유교 통치 이념의 뛰어난 점은 이 '가정'이라는 '작은 시스템'이야말로 사회의 기본이자, 가장 중요한 단위라고 역설하는 데에 있다. 그 때문에 효도가 강조된다. 이것이야말로 유교 사회가 배려하는 부분임과 동시에 교활한 부분이라고 할 수 있을 것이다.

9) 아버지

아버지는 한국에서 전형적인 '리'의 존재이다. 아버지는 수직적 질서의 유지자이다. 그는 야단치고 부정한다. 그러나 그것은 부정을 위한 부정이 아니라, 공동체의 '리'에 서툰 〈미숙자=놈〉에게 공동체의 '리'를 주입시키기 위한 야단이자 교정이다. 아버지는 친자식에 대해서뿐만 아니라, 우리 공동체에서의 아버지로서 '리' 질서의 유지자로서도 살고 있다. 공공 장소에서 타자(=남이 아님)를 야단치고 바로잡는 것은 아버지의 중요한 역할이다. 아버지가 없으면 한국 사회는 훨씬 더 무질서해지고 혼란스러워질 것이다.

우리 공동체의 아버지가 최대한으로 확대되면, 한국이라는 나라 전체의 아버지가 된다. 대통령은 한국 전체의 아버지였고, 북한에서는 이것을 더욱 철저하게 사상화하여 수령제라는 정치제도로까지 승화시켰다. 김일성은 '어버이 수령'이었다.

아버지는 '리'의 존재만은 아니다. '기'의 측면도 있다. 이것을 부정(父情)이라고 한다. 대리석의 딱딱한 질서에 원만하고 따뜻한 애정이 가미된다. '리의 아버지'와 '정=기의 아버지'가 절묘하게 배합되어 '아버지'는 이상형이 된다. 엄격하기만 하면 '정'이 결여되고 부드럽기만 하면 '리'가 결여된다. 그 조절이 중요하다.

10) 어머니

어머니는 한국에서 전형적인 '기'의 존재로 여겨져 왔다. 어머니는 수평적 질서의 유지자이다. 그녀는 용서하고 긍정한다. 낮의 '리'의 세계(수직적 억압의 세계)에 억눌려 있던 남자들은, 밤에 술을 마시면서 "어머니, 어머니!"라고 울부짖는다. 80년대까지는 밤거리에서 취한 남자들이 다 죽어 가는 매미처럼 울면서 나뒹굴곤 했다. 환상 속의 어머니는 수평적인 힘으로 그들을 치유하고, 치유받은 그들은 다음날 아침 다시 〈직장='리'의 전장(戰場)〉에 출정한다.

어머니는 친자식에 대해서뿐만 아니라 우리 공동체의 어머니로서 아무리 퍼내도 마르지 않는 '정'의 공급자로서 살고 있다. 공공장소에서 남의 자식에게 정을 주고 치유하는 것은 어머니의 중요한 역할이다. 어머니가 없으면 한국 사회는 훨씬 살벌한 사막이 될 것이다.

그러나 어머니에게도 '리의 어머니'의 측면이 있다. 교육자로서의 어머니가 그러한 예이다. 한국의 교육열은 강력한 '리' 지향성에 기초하고 있는데, 이것을 담당하는 이가 어머니이다. '리의 어머니'가 자식의 '리'의 습득을 철저하게 훈육하는 것이다. 나아가서 직장을 가진 여성 중에는 '모성'이라는 이데올로기에 반대하여 '기의 어머니'의 역할을 과감히 버리고 '리의 어머니'로 살아가는 이도 늘고 있다[206쪽].

11) 형

형은 한국 사회에서 신비로운 힘을 지닌 존재이다. 형은 젊고 푸르고 부드러운 '리'와 '기'의 융합체이다. 그는 '리'도 '기'도 아직 완성되거나 굳어지지 않고 봄의 새싹처럼 싱싱하다. 형은 형제 사이뿐만 아니라 피가 섞이지 않은 친한 연상의 남자에 대해서도 사용한다. 형은 연하의 남자들에게는 '리'의 세계의 맛을 가깝고 풋풋하게 체현하는 존재이다. 일본의 무협 영화에 나오는 형이라는 말의 서정적인 뉘앙스를 그대로 풍겨 내고 있다. 〈의리=리〉와 〈인정=기〉를 겸비하지 않으면 이 맛은 나오지 않는다.

연하의 여자는 형을 오빠라고 부른다. 피가 섞이지 않은 알고 지내는 연상의 남자도 오빠라고 부른다. 오빠는 연하의 여자아이를 상냥하고 풋풋한 '기'의 정으로 감싸 주고, 게다가 청결하고 의연한 '리'를 동경하도록 권유한다. 여자아이는 오빠를 절묘한 어리광으로 대할 수 있다.

소년도 소녀도 비록 '피'는 섞이지 않았어도 친한 남자에 대해서는, 편하고 자연스럽게 형의 관계를 맺고 싶어한다. 연상의 남자는 연하의 남자에게 '형'이라고 불리고, 연하의 여자에게 '오빠'라고 불리는 것에서 행복감을 느낀다. 그렇게 불려지고 싶은 바람은 아무리 나이를 먹어도 계속된다.

12) 누나

　누나는 한국 사회에서는 애달프면서도 부드러운, 달콤한 향기가 나는 여자다. 그 달콤함에는 자기희생의 성스러움이 뒤섞여 있다. 그 때문에 누나 또한 어머니와 마찬가지로 결코 범해서는 안 되는 존재이다. 그 성스러운 누나는 동생들이 대학이라는 '리계(理界)'로 상승하기 위해서는 심지어 자기의 몸을 유곽이라는 〈고계(苦界)=기계(氣界)〉로 내던져도 원망하는 일이 없다.

　지금도 누나가 시집가서 가족을 부양하고 동생을 학교에 보내는 구도는 사회의 저변에 남아 있다. 또 이와 같은 누나들이 가혹한 공장 노동을 견뎌 냈기 때문에 한국의 고도성장이 달성된 것이기도 하다. 누나라는 말속에는 모든 어리광을 다 받아 주는 봄날의 바다와 같은 울림이 들어 있다.

　'피'가 섞이지 않은 친한 연상의 여성에 대해서도 누나라는 말은 사용된다. 친한 사이의 누나는 항상 상냥함과 포용, 때로는 '리의 누나'로서의 엄격함도 기대된다. 리의 누나는 동생을 리계로 상승시키기 위해서 교육하고 질타하고 채찍질한다.

　연하의 여자는 이들을 언니라고 부른다. 누나/언니는 편하게 어리광 부릴 수 있는 상대, 무슨 얘기든 들어 주는 상대이다. 그리고 결국에는 '리'에 봉사해서 살지 않으면 안 되는 가혹한 여성의 운명의 예감을 공유하는, 무언가 애절하고 안타까운 존재이다.

13) 가족 외의 가족

지금까지 서술한 아버지, 어머니, 형, 누나는 그것만으로 성립할 수 있는 것이 아니라, 할아버지, 할머니, 남동생, 여동생, 작은아버지, 작은어머니, 조카 등의 혈연 공동체 전체의 관계 속에서 비로소 그 기능을 다하는 것이다.

그러나 현재는 한국도 핵가족화가 진행되어 이 구성원들이 모여 살고 있는 예는 드물게 되었다. 이에 따라 전통적인 가족의 역할도 붕괴되어, 부권(父權)의 실추를 그린 『어버지』(김정현)라는 소설이 베스트셀러가 되기도 했다. 그렇다면 한국에서도 가족이 붕괴되고 아버지, 어머니, 형, 누나 등도 없어져 버리는 것일까?

아니다. 왜냐하면 사회가 가족의 역할을 담당하기 때문이다. 즉 사회적 관계 속에서 '유사 혈연 공동체'를 만들어 관계를 유지한다. 한국 사회에서 '남'과의 단절은 깊지만, '남'을 가족화함으로써 '우리'화하려는 작용이 강한 것은 확실하다.

그리고 또 이웃이라는 개념도 중요하다. "연말연시, 불우한 이웃과 함께 지냅시다"라는 캠페인이 벌어지고 공동체가 만들어진다. 이렇게 해서 '남'을 '우리'화하려는 시도가 강하게 추진된다[209쪽].

14) '리의 가족'과 '기의 가족'

한국의 가족에는 '리의 가족'과 '기의 가족'이라는 두 가지 성격이 있다. 리의 가족이란 피의 질서와 규정에 근거한 족보상의 가족으로, 이것을 한국어로는 '가족'·'가정(집)'이라고 하고, 친척·일가의 뜻으로까지 확대하면 '집안'이라고 한다. 리의 가족의 최대 목적은 피의 연속성의 유지로, 상하의 질서에 의한 분배의 법칙이 지배하고 있다.

기의 가족이란 피의 질서를 넘은 '정'으로 결합되어 있는 공동체이다. 이것을 한국어로는 '식구'라고 한다. 한 지붕 아래에 사는 사람들은 모두 하나의 식구가 될 수 있고, 그 범위는 기업이나 국가에까지 확대된다. 기의 가족은 '삶'의 유지를 목적으로 하기 때문에 함께 '먹는다'는 측면이 중시되고 '나눠 먹는다'는 수평적 관계가 토대가 되고 있다.

물론 '리의 가족'의 관계에도 '기'·'정'은 존재한다[77쪽]. 예를 들면 아들을 못 낳은 며느리는 시어머니로부터 "이 며느리는 아들도 못 낳은 주제에 밥만 축내고 있어"라고 '피'의 연속성에 기초한 '리의 이지매'를 당한다. 그런데 며느리가 풀이 죽어 숟가락을 놓으면, 이번에는 시어머니에게 "밥도 안 먹고 아들을 낳을 수 있어?"라고 꾸지람을 듣는다. 이것은 '삶'의 유지에 기초한 '기의 상냥함'이다.

6장

리기의 경제·
정치·역사

1. 경제―리(理)와 리(利)의 각축과 타협

1) '리'에 의한 서열

한국 사회는 체현된 '리'의 많고 적음에 의해 구성원이 수직으로 서열화되는 사회라고 앞에서 서술했다[57쪽]. 다시 한 번 정리하면 다음과 같다. '님'은 '나'보다도 '기'가 맑기 때문에 '리'를 많이 구현하고 있는 사람이다. '놈'은 '나'보다도 '기'가 탁하기 때문에 '리'를 적게 구현하고 있는 사람이다. 그리고 '나'는 극기하여 '기'를 맑게 하면 '님'으로 상승할 수 있고, 반면에 극기하지 못하고 '기'가 탁하게 되면 '놈'으로 전락한다. 상승하든 전락하든 낙천적인 것이 그 특징이다. 이것을 정리한 것이 아래의 도표이다.

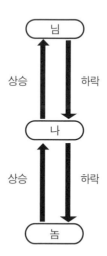

2) '리'의 역전

드디어 이 도표에 중요한 수정이 가해지려고 하는 움직임이 생기는데, 여기에 저항하는 것은 쉬운 일이 아니었다. 왜냐하면 이 도표에서 원래 〈상위자=님〉은 〈하위자=놈〉보다도 체현하는 '리'가 많고, 즉 좀 더 도덕적이고, 실로 그 때문에 그 '리'에는 권력과 부가 동시에 부여된 것이었다.

그런데 언제부터인가 다음과 같은 사태가 발생한다. 즉 어디까지나 〈리=도덕성〉을 목표로 상승한다고 하는 지향성이 부 자체를 지향하는 지향성으로 대체되거나 혹은 그것에 압박되는 것이다. 원래 주자학적 전통 사회에서는 부만을 지향하는 것은 '상(商)'의 영역으로 '사(士)'에게는 허용되지 않는 일이었다. 상업 종사자는 과거를 볼 자격이 없었다. 또 도덕과 부를 동시에 추구하면서 부를 우선시하는 것도 '리(利)'를 추구하는 공리주의로 배척되었다. 공리주의는 주자학자가 집요하게 공격하는 대상 중의 하나이다. 즉 도덕과 권력과 부는 삼위일체였기 때문에 사회적인 상승은 결국 도덕적인 극기와 도야에 의해 뒷받침되었다.

그러나 경제(經世濟民. 세상을 다스려서 백성을 구제하는 것)를 담당하는 유교 사회의 사(士)의 입장에서는 부 자체를 부정할 수는 없었다. 그래서 항상 리(理)와 리(利) 사이에 긴장이 전개된 것이다.

3) 리(利)의 상승의 등장

상인과 같이 리(利)만을 추구하는 자를 '기'가 탁한 '놈'으로 폄하하는 것은, 사(士)에 의한 리(利)의 관리에 따른 것이었다. 양반집에서도 상행위는 했지만, 자신의 손은 더럽히지 않고 읽고 쓰고 셈할 수 있는 노비를 써서 대신 행하게 했다. 그러나 시대가 내려옴에 따라 궁핍해진 양반이 늘고, 역으로 부를 축적한 일반 서민이나 노비가 차례차례 등장했다. 그리고 조선 후기에는 매관매직(賣官賣職) 등이 횡행하여 돈으로 양반의 신분을 살 수 있는 문란한 세상이 되었다. 이것은 돈으로 '리(理)'를 살 수 있다고 하는 사태이다. 이 사태가 조선 후기에는 이미 심각한 문제가 되었다. 박지원[132쪽]의 소설 『양반전』에서는 궁핍해진 양반이 신분이 낮은 어떤 부자에게 양반(理)을 판다. 그런데 부자는 양반이 지켜야 할 품위와 의무 사항이 번거롭고 까다롭다는 것을 알자, 크게 놀라면서 리(利)를 돌려달라고 공권력에게 탄원한다.

그러자 거기에서 공표된 것은 양반이라는 리(理) 그 자체에 본래 부수되는 갖가지 특권·이익 등의 리(利)였다. 이 이야기에서는 양반을 사려고 한 부자는, 양반의 리(利)의 내용을 알자 "마치 도둑놈 같다"고 성내면서 떠난다. 여기에는 이미 양반적인 도덕·부·권력의 삼위일체 시스템을 불합리하다고 여기고, 합리적인 경제활동 자체에 깃들어 있는 도덕성을 주장하는 정신이 배태되어 있다. 그러나 이러한 정신이 그 후 순조롭게 발전되는 것은 지극히 어려웠다.

4) '리'와 화폐의 각축

그런데 왜 '도덕 지향성'과 '리(利) 지향성'의 긴장 관계가 초래되는가? 그것은 도덕의 기반인 리(理)와, 리(利)의 기반인 화폐가 동형(同型)이기 때문이다. 일찍이 지적되고 있듯이, 화폐란 숫자 0과 같은 중심이다. 그것은 모든 사물에 가치를 부여하려고 하지만 그 자체로서의 가치는 0이다. 그것은 '부재(不在)의 중심'이라고도 말서진다. 이 중심에 의해 모든 것은 구조화되고 질서화된다.

주자학적 전통 사회에서 중심은 무엇인가? 왕이나 황제가 아니라 '리'이다. 왕은 '리'에 합치되는 때만 왕이고, 그렇기 때문에 '리'를 장악하고 있다고 자부하는 사대부에 비하면 그 힘은 오히려 미약하기까지 한 것이다. 왕은 '리'에 합치되지 않으면 쫓겨날 수도 있었다. 또한 화폐가 사물로부터 초월해 있으면서 사물에 가치를 부여하고 사물에 깃드는 것과 마찬가지로, '리'도 사물로부터 초월해 있으면서 사물에 가치를 부여하고 사물에 깃들어 있다. 사물로부터 초월해 있는 '리'를 '통체태극(統體太極)', '일리(一理)' 등으로 부르고, 사물에 내재해 있는 '리'를 '각구태극(各具太極)', '만리(萬理)' 등으로 부른다. 앞에서 말한 '제일의 리'가 일리, '제이의 리'가 만리이다[68쪽]. 또한 유(有)로서의 태극은 동시에 무(無)로서의 무극이기도 하다. '리'는 무이면서 유이다. 무극으로서 모든 존재에 침투할 수 있고 태극으로서 모든 존재의 가치적 근원이다. '리'는 주자학적 사회에서 '부재(不在)의 중심' 그 자체이다.

5) 리(理)와 리(利)의 각축

즉 '리'와 화폐는 동형(同型)이기 때문에 서로 각축을 반복하는 것이다. 그리고 본래는 '리'가 0의 자리를 차지하고 있었는데, 조선 후기에는 화폐가 그 위치를 침식하기 시작하였다. 돈으로 양반을 사고 족보를 사는 것이 그 상징적 행위이다. 여기에서 0 지평이 두 개 존재하는 사회가 탄생한다. 그리고 주자학적 전통사회가 붕괴되자, '도덕 없는 부'에 의한 사회적 상승이 점점 횡행하게 되었다. 이것은 '리'의 통제로부터 해방된 리(利)의 고삐 풀린 말과 같은 폭주였다. '리(理)가 전부'라는 가치관이 '돈이 전부'라는 가치관에 의해 밀려나려고 했다. 〈명분=리(理)가 밥 먹여 주는 시대〉에 그림자가 드리워지고 있었다.

"옛날에는 돈 계산을 하면 양반이라고 할 수 없었는데, 요즘에는 돈을 모르면 양반이 될 수 없다"거나 "말로만 양반이 남아 있다"고 한다. 그것은 바로 '돈 양반'이다[이기영, 『민촌(民村)』, 1925]. '리'의 많고 적음이 아니라 돈의 많고 적음에 의해서 사회적인 위치가 결정되는 시대가 도래하려 하고 있었다. 물론 이 사회의 '리' 지향성은 아직 굳건하였는데, '리'를 돈으로 사려는 경향이 강해진 것이다.

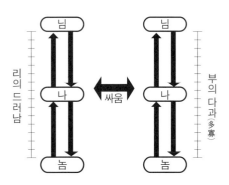

6) '리'의 부여로 재벌을 만든다

이때 등장한 것이 박정희 대통령이다. 그는 경제활동이라는 리(利)적인 행위에 조국 근대화 · 자주 경제 수립 · 수출 입국이라는 '민족주의로서의 리'를 부여하는 데 성공했다. 이것은 똑같이 '자립적 민족경제' 수립을 제창한 북한에서 리(利)적인 행위를 봉쇄하고 주체사상이라는 일원적인 '리'로 사회를 고착화시킨 것과는 대조적이었다.

박 대통령 시절, 한국은 효율적인 수출 주도형 경제 건설의 주역으로 재벌을 육성했다. 그 후의 한국 경제의 발전을 재벌이 이끌었다는 것은 의심할 여지도 없다. 그러나 군인 출신의 독재자인 박정희와 그 정권에는 '리'의 정당성 · 정통성이 없다는 논리가 나라 안팎에서 강하게 주장되어 '독재 정권의 리'와 그에 의해 부여된 '재벌의 리'의 기만성 · 무효성 · 악랄성이 끊임없이 규탄되었다. 실제로 박정권의 뒤틀림과 마찬가지로 재벌의 뒤틀림이 많은 문제를 안고 있는 것은 확실하였다. 그것이 결국 1997년의 금융위기를 부른 것이다.

그러나 리(理)와 리(利)가 대립되어 접점을 찾지 못하는 상황을 극적으로 변혁하고, 거친 리(利)에 민족주의라는 리(理)를 부여한 것은 평가할 만한 것이다. 그렇지 않았으면 리(利)는 폭주했거나 북한처럼 철저하게 억압될 수밖에 없었을 것이다.

7) 지하 경제 — '기'의 세계

재벌의 경제력은 리(利)를 부여받은 부의 세계로 '합법적인 경제'이
다. 한국에는 이와 별도로 기 진영의 돈의 움직임이 있다. 이것은 '지
하경제'라고 할 수 있다. 지하경제는 계(契) 및 사채를 중심으로 하는
거대한 바다이다. 계의 주역은 여자들로, 특히 금융시장의 계는 거액
의 돈을 움직인다. 남편의 벌이보다 아내의 자금 조달력이 뛰어난 예
도 드물지 않다. '리의 생활경제'의 지불 방식이 윗사람이 아랫사람에
게 〈은혜=정〉을 베푼다는 철저한 수직적 질서에 의해 성립되고 있는
것과는 반대로, 계는 '기의 생활경제'에서의 행위이기 때문에, 여기에
서의 지불 방식은 완전히 수평적이고 평등하다. 그리고 계가 거대화
되어 사채시장으로 흘러들어 간다. 사채란, 개인이나 기업의 여유 자
금이 은행 등의 제도적 금융기관으로 향하지 않고, 어음 매입이나 기
업에 대한 직접적인 대부(貸付)로 사용되어, 고리(高利)의 실세금리를
얻으려고 하는 금융[와타나베 도시오 저, 김순태 역, 『한국-벤처자본주의』,
한국경제신문사, 1987]을 말한다.

합법적인 금융만으로는 한국 경제가 성립할 수 없고, 사채의 힘이
뒤에서 지탱하고 있다. 지하경제는 합법경제에 봉사한다. 그리고 과
거에 전 경제규모에서 차지하는 비율은 합법경제보다 지하경제 쪽이
많았다고까지 한다. 여성의 힘이 경제의 큰 부분을 차지하고 있다는
증거이기도 하다.

2. 정치―'리'는 질서라는 이름의 혼돈

1) 권력 지향성

앞에서 도덕 지향성이 부 지향성으로 대체되는 사태에 대해서 언급했는데, 같은 말을 권력에 대해서도 할 수 있다. 즉 도덕을 손에 넣으면 자동적으로 따라온다고 생각된 권력을, 도덕이라는 매개 없이 직접 손에 넣으려고 하는 지향, 즉 권력 지향성이 탄생한다.

이것은 원래 유학자들이 '패(覇)'로서 엄격하게 경계한 것이다. 그러나 현실 정치에서 이 지향은 방치하면 할수록 강해진다. 물론 한국은 도덕 지향성의 나라이기 때문에, 자신의 권력 지향성을 드러내 놓고 말하는 것은 있을 수 없다. 어떤 형태로든 도덕 지향적인 이유를 앞세우는 것이 일반적이다.

그러나 적의 논리의 기만성을 간파하고, 부정부패로 점철된 '권력 지향성'을 폭로하는 데에서 한국의 도덕 지향적 주체의 본령이 발휘되는 것이다. 그리고 여기에서 정치적 투쟁이 생겨나고 한국의 정치는 화려하게 전개된다.

2) 나선형 중앙 지향의 정치와 사회

그레고리 헨더슨에 따르면 조선의 정치와 사회의 특징은, 강한 중앙 지향과 사회적 동질성으로 규정되는 '중앙으로 향하는 나선형'이다『소용돌이의 한국정치』, 한울아카데미, 2000].* 권력의 중심이라는 단극(單極) 자기장에 사회의 모든 활동적 분자가 빨려 들어가는 나선형이라는 것이다.

그런데 이 '중앙', '중심'이란 대체 무엇일까? 이것을 특정 정권이나 왕 혹은 대통령 자체로 생각하면 한국 정치를 제대로 볼 수 없다. 여기에서 말하는 중앙이란 곧 〈중심=리(理)〉이다. 중심의 '리'가 사회의 구석구석에까지 그 빛을 발휘한다. 그리고 그로 인해 사회의 구석구석에서 중심으로 향하는 지향성이 생겨난다. 즉 한국의 정치와 사회는 '주변에서 중

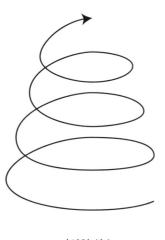

나선형 상승

앙으로 향하는 나선형'일 뿐만 아니라, 여기에 '중앙에서 주변으로 향하는 파도'가 가미되어, 양자의 조합으로 이루어지고 있다.

---

* 그레고리 헨더슨 지음, 이종삼 · 박행웅 옮김, 『소용돌이의 한국정치(완역판)』, 한울아카데미, 2013(영어 초판은 1968년)

3) 보편을 향한 운동으로서의 유교

주자학적 사회에서는 왜 이와 같은 중앙과 주변 사이의 상호 파장 운동이 일어나는가? 그것은 주자학 혹은 유교가 보편운동이기 때문이다. 유교는 보편이 아니다. 그것은 보편을 향한 '운동'이다. '리'는 자신을 보편으로 만들기까지 지칠 줄 모르는 운동을 계속한다. 바꿔 말하면 '리'는 전체를 지향한다.

그리고 사회를 '리' 일색으로 만들기 위해 끊임없이 운동하기 때문에, '리'는 리의 외부를 허용하지 않는다. 그러나 동시에 '리'는 항상 리의 외부를 필요로 한다. 왜냐하면 '리'는 외부가 있어야 '리'의 존재 이유인 보편을 향한 운동을 전개할 수 있기 때문이다. 유교에 "용하변이(用夏變夷. 중화의 문화로 오랑캐를 변화시킨다)"(『맹자』)라는 말이 있다. 조선은 〈하(夏)=화(華)〉이다. 그러나 교화되어야 할 대상인 오랑캐(夷)의 부분, 즉 하(夏)=화(華)가 아닌 리의 외부도 지니고 있다. 그것이 있기 때문에 '리'가 빛난다.

즉 조선은 〈중앙=리(理)=화(華)=사(士)〉와 〈주변=기(氣)=이(夷)=민(民)〉으로 분열되어 있다. 이 상호 간에 운동이 생기는 것이다. 중앙에서 주변으로의 '리'의 보편 운동에 호응하여 주변에서 중앙으로, '리'에 의해 교화되려 하고 흡수되려 하는 운동이 일어난다. 이것이 한국의 정치와 사회의 역동성의 원동력이다.

4) 노심자(勞心者)와 노력자(勞力者)

한편 '리'가 항상 필요로 하는 리의 외부에는 두 종류가 있다. 하나는 리의 주체가 교화하는 대상으로서의 외부이다. 이것은 기 진영의 인간이지만, 조만간 '리'의 내부에 포섭되어야 할 대상이다.

또 하나는 리의 주체가 존립할 수 있도록 그 아래에 리의 주체를 지탱하고 떠받드는 외부이다. 이것도 기 진영의 인간인데, 리의 주체를 경제적으로 지탱하고(밥을 공급하고), 물리적으로 봉사하며(손발이 되고), 바로 그것 때문에 리의 주체로부터 멸시받고 리계(理界)에서 배제되는 존재이다.

'리'에 봉사하기 때문에 '리'에 의해 경시된다. 이것은 불합리한 것이 아닐까? 그러나 유교 정치의 근본은 실로 여기에 있다.

맹자는 말한다. 인간에는 두 종류가 있다. 머리(心)를 사용하여 일을 하는 노심자(勞心者)와 힘을 사용하여 일을 하는 노력자(勞力者)이다. 노심자는 남을 다스리고 노력자는 남에게 다스려진다. 그리고 노력자는 노심자에게 식량을 공급하고, 노심자는 노력자에 의해 부양된다. 여기에서 노심자는 리 진영의 사람이고, 노력자는 기 진영의 사람이다.

5) 배제의 구조

이처럼 '리'를 담당하는 주체가 살아가기 위해서는 기 진영의 노동이 필요하다. 그러나 유교에서는 소인(小人. 노력자)의 일보다도 대인(大人. 노심자)의 일이 귀하다고 여겨졌기 때문에 기 진영의 노동은 천시되었다. 동시에 노심자가 일을 하기 위해서는 노력자의 예속적 노동이 필요하다고 여겨졌기 때문에, 노심자 즉 리 진영은 노력자 즉 기 진영을 리 진영으로 불러들이려 하지 않고 배제한다.

이 배제는 엄격하다. 그것은 자주 '벽'이라는 말로 표현된다. "사회의 곳곳에 벽이 높다"고 서민들은 한탄하며 괴로워한다. 이 사회에서 못 가진 자의 소외 의식은 무시무시하다. 버려진 '놈'들은 생활조차 곤란하고, 사회복지는 미발달 상태에 머물러 있다. 그 결과 자기 자식을 버리거나 파는 일까지 행해진다. 외국에 보내지는 많은 입양아들(많은 한국의 어린이들이 바다를 건너 서양인의 양자가 되고 있다. 우디 알렌의 아내가 된 순이도 미아 패로가 키운 한국인 고아다)은 유교 사회의 또 다른 측면이다.

그러나 이것은 "배제된 자에게는 상승할 수 있는 인간적 기초가 없다"고 규정하는 사회에서의 배제와는 근본적으로 다르다는 점에 주의해야 한다. 배제된 자에게도 성선(性善)이라는 인간적 기초는 부여되고 있기 때문에 사회는 역동적인 상승의 나선형이 되는 것이다.

6) '리의 친절함'과 '기의 친절함'

'기의 한국인'은 인정이 많고 '리의 한국인'은 차갑다. 또 '기의 공간'의 한국인은 다정하고 '리의 공간'의 한국인은 차갑다(74쪽). 그런데 리의 한국인 또는 리의 공간의 한국인이 친절한 경우가 있다. 이것은 유교적 의미에서의 친절함이다.

친절을 베푸는 것은 윗사람의 역할이다. 그리고 친절을 베푸는 대상은 친절을 받을 만한 존재가 아니면 안 된다. 이를 '착한 사람'이라고 한다. 역으로 말하면 착한 사람이 아니면 친절을 받지 못하고 친절의 대상에서 배제된다. 여기에서 '착한 사람'이란 유교적 공동체에 있어 유익한 인간이다. 즉 '리의 친절함'은 착한 사람이 아닌 사람을 공동체로부터 배제하는 장치이다.

그에 반해 '기의 한국인' 혹은 '기의 공간'의 한국인의 친절함은 수평적인 것이다. 착한 사람이 아니어도 친절함을 받을 수 있다. 탈주한 흉악범 죄수가 사회 밑바닥의 기의 친절함에 도움을 받으면서 장기간 도망 다니는 경우도 있다. 기의 친절함은 일종의 도피처라고 할 수 있을 것이다.

7) '리'의 계층구조

한국에서는 남편이 아내에게 폭력을 휘두르고 아버지가 자식을 학대하는 경우가 많아서 커다란 사회문제가 되고 있다. '리'의 체현자로서의 아버지이며 규범으로서의 아버지가 왜 그런 대우를 받는가? 그것은 '리'가 없는 사회에서 벌어지는 일이 아닌가?

그렇지 않다. '리'가 강한 사회이기 때문에 더더욱 '리'의 담당자인 아버지는 가족을 억압하는 것이다. '리' 사회의 구조는 대리(大理)→중리(中理)→소리(小理)라고 하는 중층적 구조로 되어 있다. 대리에 억압된 중리가 다시 자기보다 하위인 소리를 억압하는 구조이다. 그 억압을 잘 견디거나 억압 자체가 미미한 경우에는 하위의 '리'는 압박을 받지 않지만, 그 반대의 경우도 이 사회에는 많이 있다.

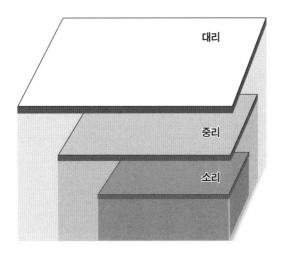

8) '님'의 소리, '놈'의 얼굴

여기에서 '님'의 이중성이 드러난다. 윗사람으로서의 '님'은 아랫사람으로서의 '놈'을 억압·이용함으로써만 존재할 수 있다. 즉 '님'은 이상적으로는 존경받아야 할 도덕의 체현자이지만, 현실적으로는 권력자·억압자로서 부각되는 경우도 많다.

〈힘=권력·부〉가 있는 자만이 인간답게 살 수 있다. "부익부, 빈익빈." 부자는 점점 '힘'을 기르고, 가난한 자는 점점 힘에서 멀어진다. "유전무죄, 무전유죄." 힘있는 자는 범죄를 저질러도 벗어날 수 있고, 힘 없는 놈은 결코 벗어날 수 없다. 억압자로서의 '님'은 이미 '님'이 아니라 '놈'이다. 왜냐하면 도덕성이 결여되어 있기 때문이다.

그래서 사회적으로는 윗사람으로 힘이 있어도 도덕성이 결여된 '님'들은 국회의원놈, 사장놈, 부자놈, 검사놈, 교수놈 등으로 불리기도 한다. 반미투쟁이 성행했던 때 미국은 '미국놈'이었다. 어디에선가 '님'의 아름다운 목소리가 들려온다. 그 목소리에 매료되어 다가가 본다. 그러자 거기에는 무서운 '놈'이 기다리고 있는 것이다.

9) 위리(僞理)와 리(利)

이와 같이 현실적으로는 '님'의 정당성과 정통성은 항상 상처받기 쉬운 것이다. 리(理)는 리(利)를 장악하기 위한 장치를 설치한다. 정치가는 재계에서 거액의 돈을 받아먹고(종종 '떡값'이라고 불린다), 의사나 변호사는 소득의 대부분을 숨기고, 교사는 학생의 부모로부터 '촌지'라는 이름의 돈을 매달 걷고, 박사가 대학에 취직하기 위해서는 '식목대(植木代)'로서 수천만 원을 대학에 납부하고….

한국의 평소의 뉴스를 보면 된다. 돈에 얽힌 추악한 '님'들이 도덕을 비웃듯이 함부로 날뛰고 있는 광경의 연속이다. "윗물이 맑아야 아랫물이 맑지!"라는 말이 성행하는 것은 실제의 윗물은 탁할 대로 탁해 있기 때문이다.

요컨대 이 '리'들은 사리사욕을 채우기 위한 '위리(僞理. 거짓된 리)'인 것이다. '위리'의 체계에 의한 오염은 사회의 구석구석까지 침투해 있기 때문에, 사람들이 그것을 알아차리지 못하는 경우조차 있다. 서양이 '아시아적 가치'로서 비판하는 것 중에는 이 '위리'의 체계도 있다.

10) '한'과 원한(ressentiment)은 다르다

니체가 지적한 서양 사회에서의 원한(ressentiment)은 사회적 약자가 지니는 감정이다. '한'과 '원한'은 매우 비슷한 것 같지만 근본적으로 다르다. 먼저 그리스도교의 '원한'은, 아랫사람이 "타인, 더 나아가서는 적을 위하는 사랑으로 살아라"고 하는 절대적인 진리를 믿고 있는데, 윗사람이 이 진리를 어기기 때문에 아랫사람은 윗사람을 '나쁜 놈'으로 규정한다. 그러나 그 증오할 만한 적을 역으로 사랑함으로써 아랫사람은 최종적인 도덕적 승리를 얻으려 한다"라는 식이다.

주자학적 사회에서도 인간은 '리(利. 개인적 이익)'가 아니라 '의(義. 사회적 정의)'를 위해 살지 않으면 안 된다고 하는 '리'를 믿는다. 그러나 현실의 윗사람은 많은 경우에 '의'가 아니라 '리(利)'를 위해 살고 있다. 그래서 아랫사람은 이런 윗사람을 '나쁜 놈'이라고 규정한다. 여기까지는 표면상 원한과 비슷하다. 그러나 성선설의 사회에서 아랫사람은 윗사람의 '나쁜 놈'을 사랑함으로써 도덕적 승리를 얻으려고 하지는 않는다. 왜냐하면 자신이 상승할 수 있기 때문이다. 그래서 아랫사람은 현실의 '나쁜 윗사람'을 증오하기는 하지만, 본래적인 '상위성(上位性)' 자체, '리' 자체를 증오하는 일은 결코 없다. 그래서 '나쁜 윗사람'이 '리'를 흐리게 하는 것을 규탄하고 공격하여 그를 끌어내리고, 대신 자기가 '리'를 빛내서 윗사람이 되려고 하는 것이다. 왕조차도 '리'를 벗어나면 혁명에 의해 타도될 수 있다.

11) 원한에 흡수되는 '한'

주자학의 위력은 이런 데에 있다. 즉 주자는, 세계나 타자를 긍정하는 지평 위에 성립하고 있는 유교 사회에다, 인도적인 비관적 세계관 (즉 중국불교. 물론 이것은 원래의 인도불교보다는 상당히 낙천적이었지만)의 강한 영향을 받아, 세계에 대한 강한 부정의 축을 도입한 것이다. 즉 성인을 제외하고 현실적으로는 모든 것이 악으로 기울어져 있지만, 본래는 모든 것이 선이기 때문에 모든 사람은 성인이 될 수 있다고 하는 논리이다.

물론 한국에도 실제로는 상승으로의 길이 가로막혀 있는 하층민도 많기 때문에, 그 사람들의 '한'이 그리스도교의 원한에 흡수될 가능성은 있었다. 그리고 실제로 대량으로 흡수되었다. 한국에서 그리스도교 신자가 이렇게 많이 늘어난 이유 중의 하나도 여기에 있다.

'리의 그리스도교'(125쪽)는 실제로 정치권력을 타도하려고 움직이기 때문에 원한이 되지는 않지만, '기의 그리스도교'(125쪽)는 초라하고 약하고 가난한 자들이야말로 선한 자이고 구원받는다고 하는 '정신적 복수'의 교리를 강하게 내세우기 때문에, 원한의 대하(大河)가 되어 고난의 한국인을 집어삼킨다. 그들은 "한국인이야말로 이 세계에서 가장 비참하고 고통으로 가득 찬 민족이다", "그중에서도 가장 학대받은 민중이야말로 구원받는다"고 믿는 낙천성을 지닌다.

3. 역사―'리'의 힘과 가상(假想)의 도덕적 역사

1) '놈'이 '님'이 되어 가는 역사

'님'에게 정당성과 정통성이 결여되어 있는 경우에 '님'은 '놈'이 된다. 그러나 '리기'의 사회는 결코 이것으로 끝나는 것이 아니다. 구원은 어디에 있는가?

한국인에게는 역사가 있다. 유교 전통에서 사는 영혼은 청사(靑史)에서 환상을 본다. 부정부패로 점철된 〈님=놈〉이 세력을 떨치는 난세에 새로운 세력이 새로운 '리'를 내걸고 중앙을 장악해 새로운 '님'이 된다. 국가 차원에서의 움직임인 경우에는, 이것은 혁명이 된다.

한국의 역사는 '놈'이 '님'이 되어 가는 역사이다. '놈'은 항상 새로운 '님'이 되어 역사에 등장한다. 그리고 그때마다 새로운 '놈'을 만들어 내고 배제한다. 그것은 이상에 빛나지만 시체가 쌓이는 '리의 쟁탈사'라고 할 수 있다.

2) '현실의 역사'와 '이상의 역사'

유교 사회에서는 '현실의 역사'와 '이상의 역사'의 두 역사가 있다. 현실의 역사는 오욕으로 점철되어 있고 이상의 역사는 이상으로 빛나고 있다. 현실의 역사보다 이상의 역사가 중요하고 참되다. 현실의 더럽혀진 역사는 이상의 역사에 의해 부단히 개조되지 않으면 안 된다. 유교 사회에서 역사는 수정되어야 한다.

그렇다고는 해도, 조선 시대에 사관(史官)이 있어 또렷하게 매일의 사실을 기록했듯이, 일어난 사실 그 자체는 공식적으로 기록되고 있어 마음대로 고칠 수는 없다. 중요한 것은 이것을 기술하는 역사 해석을 바꾸는 것이다.

유교 사회는 정체된 사회가 아니라 복고주의(復古主義) 사회이다. 이 경우에 돌아가야 할 '고(古)'란 '이상'이다. 즉 이상사회로 복귀한다. 이것은 전진주의이다. 새뮤얼 헌팅턴은 이미 1960년대에, "조선은 전통주의, 변화를 싫어하는 마음 그리고 과거에 대한 향수(鄕愁)"가 없는 "개방적인 사회"이자 "동적 사회"이고, "조선 사회와 미국 사회 사이에는 명백하게 현저한 유사성이 있다"고 말하고 있다(그레고리 핸더슨, 『소용돌이의 한국정치』「추천사」). 한국 사회가 동적이라는 말은 정확하다. 그러나 전통주의가 아니라는 말은 오류이다. 전통과, 미래에 달성해야 할 '리' 사이의 갈등이 한국사를 움직이고 있다.

3) 가상의 도덕적 역사(假想道德歷史)

이상적 역사는 '가상의 도덕적 역사(virtual history)'이다. 그것은 사람들의 뇌 혹은 마음속에 존재한다. 가상현실(virtual reality)이라고 할 때의 가상의 원어인 'virtual'은, 원래 '덕'을 의미하는 말인 'virtue'가 어원이다.

일본인은 전혀 의식하고 있지 않지만, 서양의 세계관에서는 'virtual reality'라는 개념은 그야말로 철학적인 것이다. 왜냐하면 서양적 전통에서 원래 현실은 진짜가 아니기 때문이다. 현상의 배후에 완전한 지선(至善)의 세계를 상정하는 세계관에서 〈virtue=덕〉이야말로 진짜 세계에 가깝다.

그리고 이것은 중화의 유교적 전통에서도 마찬가지이다. 주자학에서는 '리'라는 도덕이야말로 진짜이다. 주자에 따르면 "리가 없으면 물(物)도 사(事)도 없다"[118쪽]. 유교에서 현실의 배후에서 〈리=도덕〉에 의한 이상적 역사를 꿈꾸는 것은 가상이 곧 도덕이기 때문이다.

서양에서 진짜의 추구는 사물을 둘러싼 인식론을 발달시켰지만, 유교 세계에서는 시간을 둘러싼 역사에 대한 관심을 극대화했다.

4) 가상의 도덕적 역사와 법

〈리의 역사=이상적인 역사=진짜 역사=가상의 도덕적 역사〉. 유교 사회에서 이 역사의 파워는 거의 상상을 초월할 정도이다. 예를 들면 '가상의 도덕적 역사'는 법을 초월한다. 전두환과 노태우 전(前) 대통령은 김영삼 대통령 시절에 법을 소급하여 적용받아, 각각 사형·무기징역 선고를 받았다. 이것은 서양의 법 개념에서는 있을 수 없는 일이지만, 이상적인 가상의 도덕적 역사(正義)로 더럽혀진 현실의 역사(不正義)를 바로잡는다고 하는 유교적 관점에서는 전혀 이상할 게 없다. 서양적인 법의 원리에는 위배되지만 유교적인 가상의 도덕적 역사관에는 합치된다. 그렇기 때문에 대다수의 국민이 이것을 지지한 것이다.

또한 일본군 위안부나 조선인 전범 문제 등에 관해서, 국가 간의 조약에서는 이미 해결이 되었다는 입장을 취하는 일본에 대해, 한국에서는 조약 자체를 다시 체결해야 한다는 목소리가 강하다. 이 경우에도 단순한 법률 문제에 한정시킨 논의보다도, 잘못된 역사를 바로잡는다고 하는 의지가 강하다. 한일합방 조약 자체가 무효라는 논의도 한국에서는 강하게 대두되고 있는데, 이것도 법률적 논의보다는 "식민지 지배는 잘못된 역사다. 따라서 바로 잡지 않으면 안 된다"고 하는 '리의 역사 바로 세우기'라는 측면이 국민에게 좀 더 강력하게 호소되고 있기 때문이다.

5) 변혁과 개혁

여기에서 '리기 역사학'의 동적인 구조를 정리해 보자. 유교 사회는 변혁과 개혁의 사회이다. 정체된 사회가 아니다. '리'가 사회를 변혁하고 개혁한다. 사회를 지배하는 '리'가 부패하기 시작하면, 밖으로부터의 혹은 안으로부터의 압력에 의해 '리' 자체가 바뀌도록 요구된다. 그것은 구질서의 파국의 시기이기도 하다.

변혁이란 낡은 리에서 새로운 리로, 리 자체가 바뀌는 것을 말한다. 일단 변혁이 성공하면 새로운 리로 쓰여진 프로그램에 따라 곧바로 사회를 구체적으로 바꿔 나간다. 이것이 개혁이다. 개혁은 그 사회의 구성원을 교화시켜 가는 과정이다.

어떻게 개혁이 가능한가? 그 이유는 성선설에서 찾을 수 있다. 즉 성선설의 사회에서는 모든 이가 '리'를 100% 보유하고 있다. 모든 개인은 변혁의 순간에 새로운 리를 가능한 한 많이 발현시켜 상승하려고 극기(克己)에 힘쓴다. 이로 인해 사회에 새로운 리가 급속도로 보급된다.

그래서 '리'에 의한 개혁은 외견상으로는 위로부터의 움직임이지만, 사실은 아래로부터의 움직임과도 밀접하게 호응하고 있는 것이다.

6) 변혁이 가능한 이유

변혁이 가능한 것은 어떠한 메커니즘일까? 그것을 리기학으로 풀어 보자. 아래 그림에서 [국면1]에서 상위자 a를 덮고 있는 〈기a〉는 맑고, 하위자b를 덮고 있는 〈기b〉는 탁하다고 여겨지고 있다. 그러나 [국면II]에서는 기의 가치가 결정적으로 바뀌어, 지금까지 상위자a를 덮고 있는 〈기a〉는 탁하고, 하위자b를 덮고 있는 〈기b〉는 깨끗하다고 여겨진다. 이때 상위자a와 하위자b의 상하관계는 극적으로 역전된다. [국면II]에서 기의 가치가 바뀐 것은 그것을 설명하는 리가 〈리 I〉에서 〈리II〉로 변화했기 때문이다.

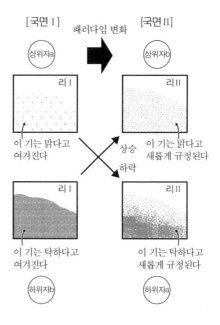

7) 한국사의 발전

'리'의 지상 임무는 자기와 이질적인 것을 배제하고 동질적인 것을 상승시키는 것이다. '리'의 사회에서 살아남아 상승하는 자는, 자연히 '리'와 동형(同型)이 되지 않으면 안 된다. 여기에 영원히 안정된 '리'의 대통일의 세계가 구현되는 것처럼 보인다.

그러나 마침내 새로운 리가 전격적으로 들어와서 낡은 리가 힘없이 무너져 간다. 강력한 새로운 리는 모든 것을 바꾼다. 사회와 세계와 우주의 설명 체계를 모두 바꿀 수 있다. 한국의 역사는 이와 같은 '리'의 죽음과 재생의 이야기라고 할 수 있다. '리'가 크게 전환하는 변혁의 시기가 한국 역사상 몇 차례 존재한다. 조선 왕조 성립 이후의 역사를 크게 나누면 다음의 네 단계가 된다.

① 주자학의 '리'가 이전의 국가 이데올로기를 몰아내는 시대
② 주자학의 '리'가 일원적으로 지배한 시대
③ 주자학의 '리'의 일원적 지배가 무너지고, 여러 '리'가 각축하는 시대
④ 주자학의 '리' 자체의 지배력이 쇠퇴하는 시대

주자학의 '리'가 19세기에 이르러 힘이 약해지자, 이 나라의 '리'의 쟁명(爭鳴)은 어떻게 전개되었을까? 이하에서는 그 험난한 변혁의 움직임을 살펴보자.

8) 서양의 충격

19세기 중엽에는 조선에도 아편전쟁의 소문이 들려오고, 서양 열강의 침략 조짐을 감지한 민심은 동요되고 정권은 경직되었다. 이때 서양의 충격에 대해 조선에서는 세 방면에서 커다란 반응이 있었다. 그것은 ① 동학 ② 위정척사 ③ 개화사상이다. 그러나 그 어느 것도 결국에는 실패로 돌아가고, 조선은 일본의 식민지로 전락한다.

서양의 충격을 받은 단계에서 동아시아 3국은 각각 자국의 정신이 주(主)이고 서양의 기술이 종(從)이라고 하는 슬로건을 내세웠다. 중국에서는 중체서용(中體西用), 일본에서는 화혼양재(和魂洋才)가 유명한데, 조선에서는 동도서기(東道西器)였다. 조선의 도(道)・기(器)의 대비는, 중국의 체(體)・용(用), 일본의 혼(魂)・재(才)의 대비보다도 한층 리・기의 구분이 분명하다고 할 수 있다. 즉 중국의 중체서용에 사용된 '체・용' 개념은, 이것을 그대로 '리・기'로 보는 설도 있는 것은 분명하지만, 그보다는 오히려 '본체・작용'이라고 생각하는 게 좋다. 또한 일본의 '화혼양재'(원래는 화혼한재(和魂漢才))에서의 '혼・재' 개념은 원래 '리・기'라는 틀과는 거리가 멀다. 굳이 말한다면 '혼'도 '재'도 '기' 개념이다. 이에 비해 조선의 〈도(道)=리(理)〉, 〈기(器)=기(氣)〉의 도식은 대단히 단순하고 분명하다.

9) 동학

동학은 몰락 양반이었던 최제우(崔濟愚. 호는 수운(水雲). 1824-1864)
가 창시하고, 최시형(崔時亨. 호는 해월(海月). 1827-1898)이 계승한 종교
이다. "내가 하늘이다", "사람이 곧 하늘이다"라는 사상을 제창한 동학
은, 한반도 남부의 민중들 사이에서 급속도로 퍼져 갔다. 청일전쟁의
계기가 된 1894년의 '갑오농민전쟁'은, 과거에는 '동학당(東學党)의 난'
이라고도 불렸는데(최근에는 이 용어를 사용하는 경우는 거의 없다), 동학
교도들이 중요한 역할을 하여 일어난 것이다.

또한 〈지기(至氣)=혼원지일기(混元之一氣)〉를 우주의 근본으로 삼기
때문에 '지기일원론(至氣一元論)'으로 여겨지고, '기'를 중시하면서, 주
자학의 반동 이데올로기, 즉 '리'에 반대한 급진적 사상으로서 오늘날
에는 대단히 높게 평가받고 있다.

그러나 동학이 "모든 인간은 몸 안에 신령을 모시고 있다"고 주장하
는 것은, "모든 인간에게 '리'가 있다"고 주장하는 주자학의 성선설이
일부 특권층에 독점된 것에 반대하여, 민중에게까지 확장시키려고 한
것에 다름아니다. 또한 최제우는 "서양의 학과 동학은 도는 같지만 리
가 다르다"라고 하여, '리'를 중시하는 점은 의심할 여지가 없다. 즉 동
학은 생명력을 상실해 간 주자학을 대체하는 새로운 〈도=리〉를 만들
려고 한 것이다.

10) 위정척사

위정척사(衛正斥邪. 올바른 것을 지키고 사악한 것을 배척한다)사상이란, 조선에서의 양이(攘夷. 오랑캐를 물리친다)사상이다. 정통 주자학을 사수하고 금수·이적(夷狄. 구체적으로는 서양과 왜(倭))을 타도한다는 사상으로, 원리주의 유학자가 앞장서서 이러한 기치하에 의병투쟁이 전개되었다.

위정척사를 제창한 유학자의 주류는 '리'의 위치를 극한에까지 고양시켜 리주기객(理主氣客), 리존기비(理尊氣卑)의 주리론(主理論)에서 더 나아가 유리론(唯理論)·리일원론(理一元論)으로까지 극단화시켰다. 그들은 '기'를 '리'와 상대되는 개념으로 다루는 것을 금지하였다. '리'는 주인이고 '기'는 노예이다. '리'는 절대적이고 '기'는 '리' 안에 종속되어 있는 데 지나지 않고 '리'의 수족에 지나지 않는다. '리'는 조선이고 '기'는 서양이다.

따라서 조선은 고귀한 주인이고 서양은 비천한 종복이다. 조선은 순선(純善)하고 서양은 잡박하다. '리'인 조선이 주재하면 우주가 평안하게 되는데, 어찌 '기'인 서양이 주재자가 될 수 있겠는가! 열강의 침략을 목전에 두고 결정적 위기에 빠진 조선을 구하기 위해, 주자학의 '리'는 여기에서 그 강도의 절정에 도달한 것이다. 그리고 그것은 주자학 그 자체의 '리'로서는 종언을 맞는 마지막 포효였다.

11) 개화파

개화파는 근대화를 꾀한 세력으로 갑신정변(1884)과 갑오개혁(1894-1896)의 두 운동을 주도했는데, 둘 다 처참한 실패로 끝났다. 온건적 개화파는 중국의 양무운동을 모델로 해서 동도서기적인 변혁관을 지니고 있었던 데 반해, 급진적 개화파는 일본의 메이지유신을 모델로 해서 변법(變法)적인 변혁관을 지니고 있었다[姜在彦, 『近代朝鮮の思想』, 明石書店, 1996].

즉 같은 개화파라고 해도, 전통적인 유교의 '리' 자체를 변혁하려고 하는 급진파와, '리'는 어디까지나 보존해야 한다고 하는 온건파가 있었던 것이다. 그러나 그들의 실패는 자국의 근대화를 추진하기 위해서 이미 근대화의 길을 가고 있던 일본을 〈리의 구현자=님〉으로 받드는 경향으로 나아간 점에 있다. 그리하여 국내에서의 다른 세력, 즉 청이나 러시아를 '님'으로 받들려고 하는 세력(친청파(親淸派), 친러파(親露派))과의 불화가 깊어졌다.

결국 갑신정변은 청에 의해 실패로 끝나고, 갑오개혁은 국왕이 러시아 공사관으로 도피함으로써 공중분해되어 버렸다. 거기에는 일본이 조선에 대해 영향력을 행사하려고 명성황후(1851-1895)를 살해하는 등 무모한 행위를 한 것, 그리고 이에 대한 조선인의 반발 등의 요인도 크게 작용하였다.

12) 일본에 의한 식민지화(1910-1945)

조선 시대 후기, 화이(華夷) 질서에 입각하여 화(華)로서의 문화적 자존감을 극도로 높인 조선은, 다른 나라에 대해 극도의 경멸·무관심·배척의 태도로 일관했다. 그것이 조선이 근대화에 뒤진 이유 중의 하나이다. 모멸의 대상이었던 〈야만스런 소국=왜(倭)〉가 근대화하며 힘을 축적하고 있을 때, 조선의 개화파는 이를 배우려고 했지만 결국 좌절되었다.

그리고 마침내 일본이 조선을 식민지화했을 때 조선은 그때서야 국제 질서의 대전환을 뼈저리게 자각하고 망연자실에 빠졌다. 일본은 조선을 식민지화하고, 이전까지의 '리'에 정면으로 대항하는 '새로운 리'에 의해 이 사회를 변혁시키려고 했다. '대일본제국'의 '리'는 근대화·일본화였다. 그러나 일본은 어디까지나 '놈'으로, '리'의 담지자로서의 자격을 갖고 있지 않았다.

게다가 열등 민족에 의한 '리'의 강요는 조선의 민족적 자존심을 심히 손상시켜, 항일운동·반일감정은 극도로 고양되었다. 실제로 무력에 의해 아시아를 침략하고, 조선인의 눈으로 볼 때는 광적인 일신교(천황제)와 열등한 다신교(애니미즘)를 동시에 신봉하는 일본이, 보편 신앙으로서의 '리' 신앙을 대체하는 것은 도저히 무리이고 비리(非理)이며 불합리한 것이었다.

13) 〈일본=님〉을 둘러싼 갈등

그러나 그중에서도 일본을 '새로운 리'의 담지자로 인정하고 적극적으로 변혁과 개혁에 매진한 조선인이 많이 있었다는 사실을 잊어서는 안 된다. 즉 일본을 근대화의 모범으로 삼고, 〈일본=님〉으로 인식한 조선인도 많이 있었다.

그러나 오늘날 그들은 '친일파'로서 전면 부정되고 있거나, 혹은 역사상에 전혀 존재하지 않았던 것처럼 다루어지고 있다. 식민지 근대화론(일본에 의한 식민지 경영이 조선에 근대화를 가져왔다고 하는 설)은 아직까지 이 나라에서는 금기이고, 그 금기를 깰 용기 있는 학자는 극히 적다.

또 한일보호조약(1905)에 찬성하고 한일병합조약(1910)에 한국 대표로서 조인하여, 식민지 시대에 귀족이 된 이완용은 최대의 매국노로 여겨지고 있다. 그에게도 그 나름의 '리'가 있었다는 견해를 공식적으로 말하는 사람은 전무하다.

이들 '친일파'가 지금 완전히 부정되거나 혹은 무시되고 있는 것은, 오늘날 한국인을 지배하고 있는 민족주의적 '리' 때문이다. 언젠가 이 민족주의적 '리'가 변혁되면 식민지 시대에 대한 시각도 변할 수 있을 것이다.

14) 〈미국=님〉의 시대(1945-)

식민지 지배로부터 해방되자 한국에서는 미국을 '님'으로 인식하는 시대가 시작되었다. 이때의 '리'는 자유주의 · 민주주의 · 자본주의였다. 이승만 정권(1948-1960), 그 후의 군사정권 혹은 군인 출신 대통령 시대(1961-1993)에는 아무리 경제 발전이 눈부시더라도 자유와 민주주의라는 '리'가 결여되어 있다는 이유 때문에, 정권의 정당성은 언제나 상처투성이였다.

이승만 정권을 무너뜨린 4 · 19혁명(1960)을 필두로 하여, 노태우에 의한 민주화선언을 이끌어 낸 6월 항쟁(1987)에서 최고조에 달한 민주화운동 세력은 항상 정권을 비판해 왔다. 그들이 신봉하고 있었던 것은 어디까지나 민주주의라는 '리'이다. 그래서 그 본가인 미국에 '리'가 결여되어 있다고 생각되자 주저 없이 격렬한 반미 운동을 전개하였다.

그리고 김영삼 정권(1993-1998)은 32년 만의 '문민정권'임을 강조하고(단, 여기에는 이론(異論)이 있다. 그 이전의 박 · 전 · 노 대통령이라고 해도 모두 군복을 입은 채로 정권에 오른 것은 아니라는 것이다.) 민주주의의 정당성과 정통성을 주장했다. 이 대의명분하에 군의 사조직 해체와 금융실명제 도입 등 상당히 과감한 개혁을 단행했다. 김대중 정권(1998-2003)은 '국민의 정부'를 표방하고 민주주의를 추진하면서 '세계 표준' 질서 속에서의 성공을 지향하였다. 이 시기에 IMF 체제에 의해 경제의 미국화가 시작되었다.

15) '리'의 죽음과 재생의 한국사

해방 후의 역대 대통령은 취임하자마자 '부정부패의 척결'이라는 이름하에 구시대의 부패한 '리'에 기생하고 있던 부정 세력을 배제하고, 이 나라를 신선하고 청결한 '리'로 소생시킬 것을 국민에게 맹세해 왔다. 실제로 정권이 교체될 때마다 이 나라에서는 '조국 근대화', '유신', '민족중흥'(박정희), '선진조국 창조', '정의사회 구현'(전두환), '보통 사람의 시대'(노태우), '신한국 창조'(김영삼), '제2의 건국'(김대중)이라는 슬로건하에, 명확히 시대를 가르기 위한 어필을 해 왔다. 실제로 변혁이 모두 슬로건처럼 화려하게 수행되는 것은 아니지만, 연속성이 아니라 단절성을 강조한다는 점이 중요하다.

예를 들면 김영삼은 '역사 바로 세우기'라고 해서, 과거 역사를 도덕지향적으로 재해석하여 다시 쓰는 사업을 진행하였다. 이것은 역사적 사실로서의 '기'를 해석하는 '리'를 바꾸고, 그 새로운 '리'에 의해 역사를 새롭게 기술하는 것이다. 그들의 등장 자체가 획기적이었다. 이승만(1875-1965. 재임 1948-1960)은 건국을, 박정희(1917-1979. 재임 1963-1979)는 군사쿠데타를, 전두환(1931-. 재임 1980-1988)은 하극상을, 노태우(1932-. 재임 1988-1993)는 대통령직선제 부활을, 김영삼(1927-2015. 재임 1993-1998)은 문민정권을, 김대중(1925-2009. 재임 1998-2003)은 전라도 출신에 의한 대통령 당선을 각각 이루어냈고, 그때마다 한국은 시대가 바뀌었던 것이다.

16) '리'의 민중과 '기'의 민중

그렇다고 해서 이 변화들이 모두 순수하게 '위로부터' 이루어진 것만은 아니다. '아래로부터'의 힘이 '위로부터'의 힘을 견제하고 부정하고 때로는 분쇄하고 역사를 움직이는 주체가 되어 왔다.

그러나 한마디로 '아래로부터'의 힘이라고 해도 그 내용은 일률적이지 않다. 재야의 지식인, 학생, 중산계급 등 그 대부분은 '사대부지향' 혹은 '선비 지향'[144쪽]으로 무장한 세력이었다. 이 세력들과 민중이 일체화되어 권력층의 역사의 전횡을 공격한 것이라고 여겨진다.

그렇다면 대체 '민중'이란 무엇인가? '리기'적 관점에서 말하면 크게 두 측면으로 나눌 수 있다. 하나는 무언(無言)·무욕(無欲)·무사(無邪)·무심(無心)·무지(無知)의 존재로, 사회의 하층에서 검약하고 청결하게 살아가는 순진무구한 객체이다. 이들은 '기'의 민중이라고 부를 수 있다. 무욕이라는 점에서는 그 '기'가 맑지만, 무지라는 점에서는 탁하다.

또다른 측면은 사회의 모순을 가장 첨예하게 체현하고 있는 계급, 그래서 역사의 정당한 전개를 가장 강력하게 추진할 수 있는 세력, 즉 때 묻지 않은 주체로, '리'의 민중이라고 말할 수 있다. 민주화운동이 성행하였을 때, 이들은 혁명 주체의 역할을 부여받았다.

17) '리'의 민중과 '기'의 대중

그런데 이 민중과 유사하면서도 다른 것으로 '대중'이 있다. 민중은 주체이면서 동시에 객체로, 어찌 되었든 때 묻지 않은 존재였다. 농민·노동자·도시 영세민 등 권력에 의해 억압·수탈·소외된 선량한 백성이었다. 이에 반해 대중은 〈욕망=기〉 진영의 존재로, '기가 탁한 객체'로 여겨졌다.

민중은 이념으로 지배·통제하기 쉽고, 대중은 이념으로 지배·통제하기 어렵다. 민중은 이념을 믿지만, 대중은 이념을 믿지 않기 때문이다. 그래서 정치적 권력을 지향하는 운동체에게는, 민중은 바람직한 존재이지만 대중은 꺼려야 할 존재였다.

또한 대중은 욕망에 의해 지배·통제되기 쉽고, 민중은 욕망에 의해 지배·통제되기 어렵다. 대중은 욕망으로 살지만 민중은 욕망으로 살지 않기 때문이다. 그래서 경제적 헤게모니를 지향하는 기업체에게, 대중은 선호되는 존재이지만 민중은 꺼려지는 존재이다.

이와 같이 민중과 대중을 둘러싸고 정치운동체와 경제활동체 사이에 첨예한 대립이 전개된 것이다.

18) 민중의 시대에서 대중의 시대로

80년대에는 민중민주주의 세력이 혁혁한 전과를 거두어 리의 민중은 찬란하고 성스러운 정치적 상징이 되었다. 민중은 한국의 기층·기축으로 불리고, 민중사·민중사회학·민중경제학·민중문학이 연구되었다. 독재 권력과 폭력적 자본과 종속을 강요하는 외세(외국)로 포위된 시대에, 민중을 신성시할 필요가 있었던 것이다. 이 시기에 민중은 정의의 담당자로서 리 진영이고, 대중은 욕망의 담당자로서 기 진영이었다.

그런데 80년대 말에 민주화가 일련의 성과를 거두자, 민주화 중심세력이라고 여겨졌던 민중은 역사의 표면에서 자취를 감추고, 대신 대중이 등장하게 되었다. 민주화란 민주주의라는 '리'의 관철임과 동시에 개체를 억압하는 '리'의 해체이기도 하다. 보편보다도 개별이 강조되고 권위적 도덕보다도 자유나 욕망이 긍정된다.

90년대 한국의 최대 변화는 〈욕망=기〉 진영의 대중이, 새로운 자본주의적 '리'를 획득하고 사회적 주체로서 인정받았다는 점이다[204쪽]. 그러나 90년대 후반의 경제 위기에 의해 대중의 찬란함도 둔해지게 된다. 그렇다면 다음에는 과연 무엇이 한국사의 주체가 될까? '시민'·'국민'·'민족' 개념을 가장 정합적으로 '리'로서 설명할 수 있으면 그것이 주체가 될 것이다.

4. 90년대의 변화

1) 90년대의 의미

1990년대라는 시대는 한국 사회가 전적으로 변질되었다는 의미에서 특수한 시대였다. 지금까지 이 책에서 한국 사회와 한국인의 특징으로 열거해 온 것들은 기본적으로는 80년대까지의 한국·한국인에 관한 것으로, 90년대에 들어와서 대폭으로 그 성격이 변한 것이 상당히 많다.

90년대는 일본에 의한 식민지 시대와 60년대의 박정희에 의한 개발독재 시대에 이어서, 조선 왕조 붕괴 후에 한국 사회가 세 번째로 경험하는 거대한 변화의 시기라고 할 수 있다. 그것은 식민지 지배나 근대화, 개발독재에 의해서도 붕괴되는 일이 없었던 사회의 규범이나 구조가 실로 어이없이 변질되어 가는 격동의 시대이기도 하였다.

변혁과 개혁에 여념이 없는 한국 사회가 나아가고자 하는 방향과 21세기의 한국 사회의 모습을 알기 위해서는, 90년대의 의미를 반드시 이해해야 한다. 90년대의 리기학적 의미를.

2) '리'의 통합과 세분화의 시대

한국의 1990년대는 '리'의 새로운 통합과 '리'의 세분화라고 하는 완전히 상반되는 지향이 서로 경쟁한 시대이다. '리'의 새로운 통합은 '국민 통합'이라는 오래된 명제하에 행해졌다.

구체적으로는 90년대 전반의 경제 발전에 발맞추어, 세계 속의 한국의 위상을 높이기 위해 세계화라는 국가전략이 행해진 것이다. 또한 90년대 후반의 한국경제의 몰락에 이르러서는, 경제의 '세계적 표준화'라는 국가 전략이 추진되었다. 이것들은 모두 '세계 속의 한국으로의 보편화'라는 시각에서의 '한국리(理)'의 통합이었다.

그러나 이와는 반대로 90년대에는 후기자본주의의 발달과 함께 소비문화가 사회에 침투하고, 한국인 한 사람 한 사람이 공동체에서 분리되어 유교적 '리'의 세분화가 진행되었다.

그리고 이 두 방향을 통합하는 것이 정보화라는 이념이었다. 즉 '개체'나 '세분화된 리'를 인정하면서 그것들을 최종적으로는 하나의 '한국리'로 통합시키기 위한 이념으로서 정보화가 각광을 받은 것이다.

세계화와 정보화에 대해서는 다음[221-231쪽]에 언급하기로 하고, 여기에서는 '리'의 세분화에 대해서 좀 더 살펴보기로 하자.

3) 민주주의 시대는 '님'의 인플레로 들끓는다

한국은 아직 서구적인 의미에서의 인권이 충분히 발달해 있는 나라라고 말하기는 어려울 것이다. 그러나 독특한 유교적인 '인권'이 발달해 있는 나라이기도 하다. 그것은 상승의 '한'에 기초한 자존심에 관한 문제이다.

'민'이 주인이 되는 '민주'주의의 침투와 함께 '민'들은 스스로가 '님'이라고 공공연하게 주장하기 시작했다. 그래서 자신의 이름이 아무렇게나 함부로 불리는 것을 거부했다. 이전에는 사람을 부르는 호칭은 '미스터 김'이라고 하거나(이것은 좀 경시하는 호칭으로, 지금은 거의 안 쓴다), 또는 이름 뒤에 '씨'라는 말을 붙이면 충분했다.

그러나 중산층이 늘어나고 '놈'이 줄어들자, 사람들의 의식이 향상된다. 이러한 시대에 사람들은 '~ 씨'라는 말로는 자존심을 만족시킬 수 없게 되자, '~ 님'이라는 호칭을 붙여서 부르도록 요구하게 되었다. 그래서 지금은 병원에서 환자를 부를 때에도 이름에 '~ 님'을 붙여 부르고, 또 천시되어 왔던 무당에 대해서도 TV에서는 '~ 여사님'이라고 부르는 시대가 되었다.

이것을 '님의 인플레'라고 불러도 좋을 것이다. 한국의 민주주의란 모두가 주인이 되는 것[古田博司], 즉 누구나 '님'이 되는 것이다.

4) 새로운 주체들의 등장

90년대에는 사회적 차원에서 '님'의 확대가 진행되었다. 그 특징 중의 하나는 기존에 부여된 사다리를 타는 것이 아니라, 새로운 사다리를 만들어 상승하고자 하는 움직임이 활발하게 된 것이다.

후기 자본주의로 진입하면서 새로운 직업이 차례로 등장하여 각광을 받는다. 광고 디자이너, TV 프로듀서, 건축가, 편집자 등의 세계가 TV드라마의 주인공으로 화려하게 그려지고, 젊은이들의 동경을 불러일으킨다. 특히 대기업에 속하지 않고 작은 부티크 형식으로 창조적인 일을 하는 '실장님'들이 새로운 시대의 '님'의 상징으로 찬란하게 빛나고 있다.

또 하나의 경향은 '우리'가 아니라 '나'를 강조하는 주체의 증가이다. '홀로서기'라는 말이 시집 제목으로 사용되어 80년대에 크게 유행한 후, 90년대에는 여성들이 '나는 나', '나는 이 세계의 중심'이라고 도전적인 주장을 하는 광고 문구가 거리에 범람하고, 『나는 초라한 더블보다 화려한 싱글이 좋다』라고 하는 여성의 바람을 전면에 내세우는 책도 인기를 끌었다.

자본은 '우리'보다도 '나'인 소비자를 선호한다고도 말할 수 있지만 그게 전부가 아니다. 특히 여성들이 '나'를 강하게 주장한 점에 주목해야 한다[206쪽].

5) 신세대─새로운 주체 ①

90년대의 젊은이에 대한 어른들의 반응은 격렬한 부정에서 긍정으로 흔들려 갔다. 어른들이 본 젊은이들의 유형이 매스컴에서 자주 다루어졌다.

맨 처음에 등장한 것은 '오렌지족'이다. 고급 승용차를 타고 다니며 강남에서 제멋대로 노는 부유한 젊은이들로, 그들은 나라의 부를 좀먹는 '탁기의 놈'으로서 격렬하게 부정되었다.

다음으로 등장한 것은 'X세대'. 이렇다 할 특징을 지니지 않는 젊은이라는 의미로, 미국의 광고에서 한국의 광고로 유입되어 유행한 말이다. 그들은 정의할 수 없는 〈자아=몰가치적 인간〉으로서, 기업의 마케팅에 이용하기 쉬운 젊은이로 여겨졌다. 그래서 기업들로부터는 긍정되고 반(反)기업 세력으로부터는 공격받았다.

마지막으로 등장한 것은 '신세대'이다. 그들은 자기주장이 강하고, 집단에 매몰되기보다는 개인의 취미와 생활을 소중히 여기며, 편협한 배타적 애국주의에서 벗어난 비유교적인 가치관의 젊은이들이다. '신세대'에 대해서는 긍정과 부정이 논쟁을 거듭하는 우여곡절 끝에, 다음 시대를 열고 국가의 부와 위신을 높이는 새로운 '리'의 주역으로 인정하려는 흐름으로 나아갔다.

6) 여성—새로운 주체 ②

한국에서 페미니즘이란 주자학적 보편운동 중의 하나이다. 그것은 '여성'이라는 새로운 도덕적 주체, 즉 '리'의 담당자를 사회에 등록시키고자 하는 움직임이다.

여성을 기 진영의 존재로 폭력적으로 규정하고, 리 진영의 존재인 남자에게 지배되어야 한다고 하는 유교적 위계질서에 대해, 여성은 기 진영의 존재가 아니다, 여성도 '리'를 드러낼 수 있다고 주장하는 것이 한국의 페미니즘이다. 모성·부드러움·관용·치유 등을 여성의 〈본능=본질〉로 보는 이데올로기에 갇혀 있던 여성들이, 페미니즘이라는 이론의 첨단 의상을 걸치고 리계(理界)에 화려하게 데뷔한 것이다.

중요한 것은 한국에서는 여성이 자신을 기 진영의 존재로 간주하고 그 욕망·반유교적 성향을 선언하는 움직임이 그다지 표면화되지 않는다는 점이다. 자신이 욕망의 주체라고 말하는 여류 소설가나 여자 배우가 등장하여 화제가 되는 일도 있다.

그러나 그것은 일시적인 시선을 끄는 것 이상을 벗어나지 못한다. 즉 도덕적인 위계질서 자체를 파괴하는 것이 아니라, 그 질서에서 하위자였던 여성을 상위자의 위치로 끌어올리는 것이야말로 한국에서의 페미니즘의 일인 것이다.

7) 이단자들―새로운 주체 ③

90년대에 들어와서 그 이전까지 '탁기'의 영혼·사회의 반란자로 여겨져 왔던 이단자들이 새로운 주체로서 하나둘씩 사회에 등록하는 데에 성공했다. 예를 들면 연예인·동성애자·독신자·이혼자·매니아 등이 그것이다.

연예인은 이전까지 '딴따라'라고 멸시되어 왔는데, 대중소비사회의 도래와 함께 일약 도덕성을 띤 주체로서 인정받게 되었다. 그와 더불어 연예인에게도 학력이 요구되었기 때문에 '연극영화과' 등 예능 관련 학과가 여러 대학의 학부나 대학원에 설치되고, 이 과들은 순식간에 인기 학과가 되었다.

동성애자·독신자·이혼자는 유교적 '가정(집)'의 틀에서 삐져나온 탁한 '기'의 존재였는데, '주체로서의 개체'가 인정된 90년대 이후에는 그들에 대한 억압·멸시·배제는, 비록 서서히이기는 하지만 완화되어 가고 있다.

마니아는 전반적으로 중용의 인격을 최고 목표로 여기는 유교 사회에서는 〈기(器)=전문성〉의 기형적 화신으로 멸시받는 존재였다. 조선 시대에도 마니아는 있었지만 항상 '벽(癖)'으로서 배척되었다. 그것이 90년대에 들어와 마니아의 독창성이 국가 경제에 봉사할 수 있다고 판명되자, 그들을 육성하는 것이 '한국리'를 위하는 것이라는 논리가 주장되기 시작했다.

8) '우리'의 축소화 경향

이와 같은 일련의 현상의 배후에는 '개체'라는 주체의 등장이 있다. 그것은 '우리' 대신에 '나'를 강조하는 것이다. '가정(집)'과 같은 공동체로서의 '우리'가 축소·변질되고, 하나하나의 〈개체=나〉가 사회의 전면에 등장했다.

예를 들면 90년대에는 어머니가 "내 아이는 다르다"고 선언하는 이유식의 광고가 등장했다. 전투적인 옷을 입고, 자기 자식을 전투적으로 안으면서, 전투적으로 두 다리를 벌린 채 그렇게 말하는 것이다.

'내 아이'라는 말은 충격적이다. 전통적으로는 당연히 '우리(=우리 집안의) 아이'라고 하지 않으면 안 된다. 이것은 전통적으로 자식(특히 아들)이 엄마나 부모의 것이 아니라 집안의 소유였던 것에 대한, 엄마의 소유권 주장이다. 전통적으로 엄마는 자식을 낳아도 시어머니에게 "네가 낳았다고 해서 네 아이라고 생각하는 거냐?"라는 소리를 들으며, 자기 아이에 대한 주체성을 박탈당해 온 것이다.

또 TV의 요리 프로에서는 "어머니는 매일 '남'을 위해 음식을 만들지 않으면 안 되는 입장이라서…"라는 발언이 들린다. 가족을 '남'이라고 부르는 감각은 충격적이다. '우리'는 확실히 〈개체=나〉에 의해서 과거의 강한 유대가 느슨해지고 있다.

9) '우리'의 확대화 경향

그러나 '리'의 세분화는 '우리'의 축소화·약소화만을 초래한 것은 아니다. 반대로 '우리'의 확대를 가져온 면도 있다는 사실을 놓쳐서는 안 된다. 전통적으로는 혈연 공동체가 '우리'의 중핵이고, 그 바깥으로 는 '우리'가 확장되기 어려웠다.

근대화와 함께 국가나 기업이라는 공동체로 '우리'가 확대되었다. 특히 애국심·국민 의식의 침투에 의해 '우리'를 확대시키려는 노력 이 계속되었다. "우리는 문화국민입니다. 공중도덕을 지킵시다"라는 표어가 곳곳에 붙어 있었다.

그러나 '남'과의 사이에 가로놓인 깊은 골은 쉽게 메워지지 않았다. 80년대까지만 해도 상점 주인·우체국 직원 등은 손님이 들어오면 마 치 원수처럼 노려보면서 "뭐하러 왔어 이 놈?"이라고 말하는 듯한 태 도를 보이곤 했다.

그러나 90년대에 들어와서는 손님을 적대시하는 것처럼 보이지 않 고 오히려 대단히 친절하게 대하게 되었다. 80년대까지는 손님을 '남' 으로 대했지만 90년대에는 '우리'로 대하게 된 것이다. 90년대에 들어 서자, 한국 사회 전체에 새로운 '우리'의 범위가 급격히 확대되었다. 그것은 낡은 '리'를 세분화하는 소비자본주의의 침투에 의거하는 바 가 컸다.

10) '우리'의 확대와 한국적 근대의 완성

정치적으로도 90년대에는 '우리'가 확대되었다. 1998년에 전라도 출신의 김대중 대통령이 등장함에 따라, 한국의 '상승 나선형 패턴' [173쪽]은 완성된 것이다.

그때까지 나선형에서 소외되던 지역이 전라도였다. 이 지방은 조선 시대부터 차별을 받은 지역으로, 이곳 출신자는 과거에 합격하기가 어려웠고, 천시되는 예능인이 성행하였으며 때때로 반역의 횃불을 든 지역이었다.

또한 박정희 대통령 이후 줄곧 경상도 출신 대통령이 이어져, 전라 도는 교통망이나 공업지대 건설과 같은 경제 개발에서도 명백하게 차 별받았기 때문에, 이 지역 사람들의 '한'은 날이 갈수록 더해만 갔다. 그래서 지역감정이 오랫동안 국민감정의 통합적 형성을 방해하고 있 었다. 그러나 김대중 대통령의 등장으로 전라도 사람들은 '한'을 푼 것 이다.

'한'이란 〈중앙=리〉를 향해 상승하려고 하는 동경으로, 그것이 좌 절됨으로 인한 슬픔이다. 전라도 사람들이 '한'을 푼 것은 중심을 향한 상승을 방해하고 있던 장애가 제거되었음을 의미한다. 이것은 한국 사회의 동질화 · 획일화의 완성으로 '우리'가 지역을 넘어 확대된 것 이다. 그리고 그것은 한국 근대의 하나의 도달점이었다.

7장

리기의
세계·일본

1. 국제 관계의 구조

1) 조선 시대의 국제 관계의 구조

한국인의 인간관계를 나타내는 도표는[38쪽] 한국의 국제 관계에도 그대로 성립한다. 예를 들면 조선 시대의 국제 관계는 다음과 같이 인식되고 있었다.

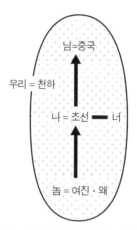

남 = 중화문명에 속하지 않는 나라들

국제 관계에서 완전히 대등한 '너'는 없다. 예를 들면 일본과 조선은 대등한 교린 관계를 맺고 있었지만 조선의 의식상에서는 일본은 하위에 있었다. 그리고 유구(琉球)는 명나라로부터 책봉을 받는다는 점에서는 조선과 같은 입장으로 서로 활발한 교역을 하였지만, 조선에 대해서는 '신(臣)'이라고 칭했다.

2) 해방 후의 국제 관계의 구조

그것이 해방 후에는 다음과 같이 변모된다.

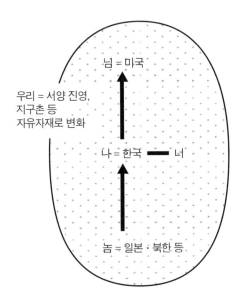

남 = '우리'의 범위에 의해 변화

3) 조선의 위치의 상승

과거에 조선 왕조가 '나'였던 시절에 '님'은 중국이었다. 여진(女
眞)·일본(倭)은 '놈'의 대표적인 존재였다. 중국은 '리'의 근원이고 체
현자이며 숭상할 만한 '리의 종주국'이었다. 여진·일본은 조선의 인
접 민족이면서도 '리'를 체현하지 못한 경멸할 만한 존재였다. 문화와
문명이 다한 땅이었다.

그러나 이 관계는 고정적인 것이 아니다. 성선설이기 때문에 상승
이 가능한 것이다. 조선은 '님'에 다가가려고 중국의 사상에서부터 사
회 시스템에 이르기까지 대폭으로 받아들여 자신의 '탁한 기'(예로부
터 내려오는 풍속과 나쁜 관습)를 바로잡고 상승하여, 중화사상의 우등생
이 되었다. 그때 중국에서는 여진족의 세력이 강성해져, 마침내 명나
라를 멸망시키고 청나라를 세웠다. 이 와중에 조선은 청에게 패하여
1637년에 인조(仁祖. 재위 1623-1649)는 한강변에서 청 태종(재위 1626-
1643)에게 굴욕적인 신하의 예를 취하게 된다.

그러나 그 후 조선은 표면상으로는 청을 '님'으로 받들며 복종하면
서도 내심은 〈청=여진=오랑캐=놈〉으로 경멸하고 조선이야말로 문화
적으로는 '화(華)'라고 자부하며 은근히 '님'을 자임한다. 이것을 '소중
화사상(小中華思想)'이라고 한다. 이후 중화 질서에서의 조선의 영광의
시대가 계속된다. 자폐적인 가상의 영광의 시대가—.

4) 일본의 위치

일본은 '놈'이다. 도덕적으로 열등하고(유교 문화에서 벗어나 있고 전쟁과 근친상간을 좋아한다), 무엄하게도 보편에 등을 돌리고, 문화적으로 취할 게 없으며(저급한 문화밖에 없다), 저급한 사리사욕밖에 지니고 있지 않다고 인식되는 일본을, 한국으로서는 '놈'으로 인식하는 것이 당연하였다.

그런데 오랑캐(夷狄)란 사람과 금수의 중간에 위치하고, 그 '기'는 조잡하고(粗) 치우쳐 있기(偏) 때문에 교화하기가 곤란하다. 그러나 불가능하지는 않다. 그 '기'를 교정하면 문화를 담당할 수 있는 존재가 된다. '용하변이'(用夏變夷)[174쪽]는 유가의 보편을 향한 운동의 슬로건이다. 그렇다면 오랑캐인 일본이라고 해도 자국의 열등함을 자각하고 반성하여, 그 굴욕적인 상황에서 벗어나려고 하면(즉 극기하면), 그 지위를 상승시킬 수 있는 것이다.

한국은 일본보다도 〈윗사람=님〉이기 때문에, 윗사람의 역할로서 〈아랫사람=놈〉인 일본을 교육시켜 주지 않으면 안 된다. 한국이 일본에 대해서 항상 교육적인 태도를 취하는 것은 이 때문이다. 이것은 불합리한 존대(尊大)가 아니라, '리'가 수행해야 할 사명을 행사하고 있을 뿐이다. 김영삼 대통령 시대에 "윗사람인 한국에 대한 예의가 갖추어지지 않은 일본의 근성을 뜯어고쳐 주지 않으면 안 된다"라는 의미의 말을 한 것도 한국의 '리'적인 입장에서 보면 당연한 발언인 것이다.

5) 민족한

'한'은 개인적 차원뿐만 아니라 국가 혹은 민족의 차원에도 존재한
다. 이것을 '민족한'이라고 한다. 국제사회에서의 상승을 향한 동경과
그 좌절에 의한 비애인 것이다.

한국이 근대화와 자본주의·민주주의의 우등생이 되고, 경제적으
로도 도덕적으로도 세계에서 으뜸가는 일류국가가 되는 것을 방해하
는 것은 누구인가?

그 대표적인 존재는 물론 일본이었다. 일본이야말로 한국인에게 〈
민족한=상승을 향한 동경이 좌절되는 슬픔〉을 형성시킨 주범이다.

근대화의 전야에, 일본은 한국의 자주적 근대화의 길을 폭력적으
로 막아 버리고 식민지 지배라는 악을 행했다. 식민지 시대가 끝나고
한반도가 분단된 것도 일본 탓이고, 그 후 분단 상황의 존속을 바라고
있는 것도 일본이다. 또한 일본은 경제 발전을 도모하는 한국을 자국
경제에 종속시켜 착취하였다.

이와 같이 일본이야말로 한국의 국제적인 상승을 저해하는 최대의
요인이자 사악한 기운으로 인식되어 왔다. 지금은 이런 인식이 엷어
졌다고는 하지만 기본적인 시각은 변함이 없다. 한국의 민족한의 이
면에는 언제나 일본이 있다. 일본이 있지 않을 수 없다.

6) 도덕 지향성이 어지럽게 꽃피는 무대

민족한을 토로하는 무대 중의 하나가 매스컴이다. 백화요란(百花繚亂. 온갖 꽃들이 흐드러지게 피어 있는 모습)의 정취마저 있다. 한국 신문의 일본 때리기는 과거만큼 격렬하지도 빈번하지도 않지만, 일단 일이 터지면 즉각 분출되어 나온다. 최근에는 1998년 1월의 한일어업협정 파기를 기해 민족한이 들끓었다. "도저히 지나칠 수 없는 외교적 폭력", "일본의 무례하고 고압적인 자세는…교활", "곤란에 빠져 있는 이웃 우방을 이해해 주지는 못할망정 오히려 이것을 이용해서 자신의 이익 추구에만 급급하고 있는 것은 일본 외교의 도덕성을 의심스럽게 하는 것이다"[이상《조선일보》사설]. "이번이야말로 일본의 습성을 바로 잡아 주지 않으면 안 된다"[국회의원 발언]. "배신을 넘어서 모독", "일본은 우리가 경제 불안으로 곤란한 시기에 협력을 아끼지 않는 척하며 접근해 오다 어업협정 파기라는 곤봉으로 우리의 뒤통수를 때린 셈", "일본의 부도덕성을 전 세계에 알린다."[이상《조선일보》독자 투괴 종군위안부, 망언, 영토 문제 등 도덕 지향성의 소재는 부족하지 않다.

그리고 이 도덕 지향성을 최대한 증폭시킨 것이 북한이다. "일본은 조선 및 다른 아시아 인민의 피바다에서 기어올라 온 악의 제국이다." "과거에 우리 민족에게 저지른 반인륜적 범죄에 대한 사죄와 보상을, 세기가 바뀌려고 하는 오늘날까지 회피하고 있는 일본은 단 하루라도 편히 잘 날이 없다."

7) 도덕 지향성의 화신으로서의 북한

북한의 수사법은 철저하고 하나의 양식미를 갖추고 있다. "일제가 아시아 인민에게 행한 범죄행위에 대해 말하자면 그것은 어떠한 최신 컴퓨터를 총동원해도 계산할 수 없을 정도로 엄청난 것", "일본 당국은 '일본인 납치 의혹'이라는 이야기를 날조함으로써 자신들을 희생자로 보이게 하여 정치·도덕 및 역사적 책무에서 벗어나려 하고 있다." "(북한의 로케트 발사를 둘러싸고) 일본 당국의 이러한 무모한 광기에 의해 이제 조일(朝日) 관계는 단순한 냉각이나 악화의 수준을 넘어 위험천만한 전쟁의 갈림길에 놓여 있다."

화살은 일본이라는 악의 존재에 매달려 있다고 보는 한국으로도 향한다. "(김대중 대통령이) 일본 행각을 시작하자마자, 목이 쉴 때까지 사무라이 주인을 향한 아첨 행위에 열을 올려 전 동포의 민족적 격분을 사고 있다." "(김 대통령이 천황의 방한을 제기한 것에 대해서) 아첨과 굴종, 사대·매국의 더러운 근성이 뼈 속까지 사무쳐있는 자의 불쌍한 추태", "게다가 이 역적(김 대통령)은 우리 민족의 불구대천지원수인 일본 천황 앞에 나가서는 남조선이 '일본과 하나 되는 것이 바람직하다'라고 정신 나간 소리마저 주저 없이 해 댔다." "(김 대통령은) 특등 매국노"[이상 북한의 보도·외무성 성명 등. 「RP북조선뉴스」, 「북조선정책동향」(라디오프레스)로부터 인용].

8) 주체와 사대

오늘날 '주체'라고 하면 북한의 주체사상이 곧바로 떠오르지만, 실은 국제 관계에서의 주체주의라는 것은 한국 역사상 옛날부터 존재한 것이다. '주체'란 '사대'(事大. 큰 것을 섬긴다)라는 비굴한 태도에 반대하는 태도라고 한국이나 북한에서는 말해지고 있다.

그러나 그렇게 생각하면 오히려 알기 어렵게 된다. 실은 주체와 사대가 항상 대항하는 개념인 것은 아니다. 역사상 줄곧 한국은 넓은 의미에서의 사대주의를 유지하고 있었다. 여기에서 '대(大)'란 '리'이다. '리'를 섬기는 것이 넓은 의미의 사대주의이다. 단지 그 '리'의 원천이 '밖'에 있는가 '안'에 있는가의 차이가 있을 뿐이다.

'리'의 원천이 밖에 있는 경우가 '(좁은 의미의) 사대의 시대'이고, '안'에 있는 경우는 '주체의 시대'이다. 바꿔 말하면 도덕성이 자기에게 있고 타자에게는 없다는 입장이 주체이고, 도덕성의 근원이 타자에게 있기 때문에 자기는 그것을 지향한다고 하는 입장이 좁은 의미의 사대이다.

역사상으로는 '(좁은 의미의) 사대야말로 주체'이고, 이러한 세력이 강대하였다. 바로 그렇기 때문에 "사대는 반(反)주체이다"라고 주장하는 세력이 권력에 도전하는 형태로 항상 등장하게 된 것이다.

2. 문화라는 '리'와 세계화

1) 세계화와 문화전쟁

1993년에 취임한 김영삼 대통령은 '세계화'라는 새로운 국가 전략을 대대적으로 내세웠다. 세계화란 "냉전 후의 세계는 글로벌한 경제의 세력 싸움이다.

이에 패하면 국가의 존립 자체가 위기에 빠진다"라는 인식하에, 경제적 팽창을 국시(國是)로 하여 전개된 운동이다. "세계는 무한 경쟁 시대이다. 경쟁력이 있는 나라만이 살아남는다"고 김영삼 대통령은 선언했다.

이것은 새로운 제국주의의 선언이었다. 그러나 무력에 의한 제국주의는 물론 아니다. 이것은 경제의 무한 경쟁으로, 그 나라 고유의 경제의 배후에는 그 나라 고유의 문화가 있다고 생각되었기 때문에, 이 또한 다름 아닌 문화의 무한 경쟁인 것이다.

한반도에서는 아직 냉전이 끝나지 않았음에도 불구하고, 냉전 후세계의 일원으로서 한국은 새로운 시대에 돌입하지 않으면 안 되었다. 그리고 '문화의 경쟁'으로 위치 지움으로써, 한국은 다른 나라로의 진출을 도덕적으로 정당화할 수 있는 대의명분을 손에 넣은 것이다.

2) 힘과 정통의 인식의 역사

세계화의 시기, 한국에서는 힘과 정통의 재정의가 추진되었다. 지금까지 한국에서 힘이란 깊은 상처였다. 〈우리=한국〉은 과거에 공업화·산업화·근대화에 실패하였다. 그 때문에 일본에 뒤졌고 식민지라는 굴욕을 맛보지 않으면 안 되었다.

제국주의라는 힘에 쓰러진 〈문화의 나라=조선〉은 힘에 대한 반대를 자신의 존재 기반으로 하여 성립하고 있었다. 그러나 동시에 자신을 쓰러트린 힘에 대항하기 위하여 자신의 힘을 기르지 않으면 안 되었다.

이것은 모순이다. 이 모순은 누구나가 알 수 있는 것이다. 그렇기 때문에 도덕적인 상처였던 것이다. 이러한 모순을 해결하기 위해 가장 고뇌한 사람들은 식민지 시대의 사상가·지식인들이었다.

이 고뇌는 해방 후 지식인들에게 계승되었다. 그러나 결국 이 모순은 완전히 해결되지 못하고, 냉전 시대에도 지식인들은 경제·군사와 문화의 관계를 설명할 수 없었던 것이다.

그들이 자신들의 나태를 얼버무리기 위해서 한 일은 무엇인가? 일본의 힘과 문화를 부정한다고 하는 왕조 시대의 논조로 되돌아가, 외부의 거대한 악으로서의 반일 선전을 반복할 뿐이었다.

3) 공업화·산업화에 대한 두 가지 입장

한국이 근대화에 실패했다는 사실에 대해서 최근까지는 다음과 같은 태도가 존재하였다. 먼저 공업화를 악으로 파악하는 입장이다. 왜 한국은 공업화에 실패하였는가? 공업화의 시대란 다름 아닌 〈힘=철〉의 시대였다. 대량생산 시대였다.

이 분야에서 획일적이고 사물에 집착하는 일본인이 뛰어났다는 것은 인정하자. 그리고 전통적으로 '우리'는 〈힘=문화〉로 생각해 왔기 때문에 철과 같은 저급한 것을 힘이라고 생각하지는 않았던 것이다. 이제 이것을 [입장 1]이라고 하자.

다음으로 이 입장에 대항하여 근대화를 이루기 위해서는 '우리'도 〈힘=철〉로 인식하고 그 강화에 매진하지 않으면 안 된다고 생각하는 입장이 등장했다. 대표적인 이가 박정희 대통령이다. 이것을 [입장 2]라고 하자.

[입장 1]은 [입장 2]를 심하게 증오했다. 전통적인 한국의 〈힘=문화〉 관을 버리고, 일본과 똑같은 길을 걷는 무리라고 공격했다. [입장 2]는 [입장 1]을 비난했다. 공업화·산업화를 추진하고 국력을 기르는 것은 국가의 존망에 관계된다. "하면 된다"는 슬로건이 제창되고, 효율적인 통제를 위하여 군사적인 '힘'이 강화되었다.

4) 공업화의 성공과 균열

[입장 2]의 강권적인 개발독재에 의해 60년대에서 80년대에 걸쳐 한국은 경이적인 경제 발전을 이루고, 공업화·산업화라는 과제를 달성했다. 그리고 그와 동시에 90년대에 들어서 [입장 2]를 담당하고 있던 군사정권과 그 후예는 소멸되었다.

실은 이때 한국의 논리적 균열은 극대화되고 있었다. 일본의 '힘'을 부정해야 할 입장의 '우리=한국'이, 일본과 같은 일을 하고 있다고 하는 모순으로부터 생기는 균열이다. "일본을 극복하기 위해서는 근대화하지 않을 수 없다"는 '일본화'의 입장과, "우리는 문화국가이다"라는 '반일본화'의 입장 사이의 균열이다.

그리고 한국이 일본이 그랬던 것처럼 경제력이 점점 강대해지고 해외에 왕성하게 진출하여 더 이상 균열을 방치할 수 없게 되어 가던 때, 한국은 시대에 의해 구제되었다.

한국을 구제한 것은 냉전 체제의 붕괴(물론 한반도에 냉전은 남아 있지만)와 세계화와 컴퓨터의 보급이다. 이전에는 힘과 문화가 대항되는 개념이었지만, 이 셋에 의해 '문화는 곧 힘'의 시대가 된 것이다.

5) 산업화에서 정보화로

시대는 실로 산업화가 끝나고 정보화에 돌입했다고 인식되었다. 이 무렵 한국은 공업화에 대한 한을 승화시킨 개념을 만들어냈다. 그것은 "산업화에는 늦었지만 정보화는 리드하자"라는 슬로건이었다.

이어령(1934-) 등 한국 문화 통합을 주장하는 이들과《조선일보》라는 강력한 권력 기구인 매스미디어가, 이 개념을 만들어 내고 대대적으로 선전했다.

'우리'가 공업화 · 산업화에 실패한 것은 솔직하고 당당하게 인정할 수 있지 않은가? 왜냐하면 '우리'는 원래 '철'이 아니라 '문화'를 '힘'으로 생각하고 있었기 때문이다. 그러나 이제 컴퓨터에 의한 정보화 시대에는, '마음(心)'의 커뮤니케이션, '정(情)'의 소프트웨어 등 전통적으로 '우리'가 잘하고 일본이 못하는 분야에서의 싸움이다.

드디어 시대는 '우리' 것이 되었다고 하는 승리를 향한 외침이었다. 즉 과거 공업화 · 산업화주의자들은 "일본이 한 것은 우리도 할 수 있다"라고 했지만, 정보화주의자들은 "우리는 일본과는 다르다. 그리고 우리는 일본보다 우수하다."고 한 것이다. 이것은 실로 전통적인 세계관으로의 회귀이다. 한국의 '리'의 승리였다.

6) 역사의 재해석

정보화 시대의 진행과 병행하여 한국인은 자국의 역사에 대해서 획기적인 이미지 전환을 했다. 그 가장 큰 기둥은 조선 시대에 대한 긍정이다. 근대화를 향해 매진하고 있던 시기에는 조선 왕조에 대한 부정적인 이미지가 지배적이었다.

지금의 한국은 조선 왕조의 직접적인 영향을 받고 있고, 이 나라의 지식인의 성향도 조선 왕조 지식인의 연장 그 자체이며, TV의 역사 드라마 대부분이 조선 왕조를 배경으로 하는 등, 사람들의 인기와 관심이 가장 높은 것은 조선 왕조로, 〈힘=문화〉라는 등식 그 자체의 사회이다.

그럼에도 불구하고 이 왕조는 부정적으로 언급된 것이다. 왜인가? 근대화로의 이행에 실패했기 때문이다. 그런데 이제는 공업화·산업화에 성공하여 정보화의 시대에 돌입하자, 조선 왕조는 한국인의 문화적 역량의 근원으로 높게 평가받게 된 것이다.

그뿐만이 아니다. 세계를 향한 진출을 구가한 세계화 시대에는 고구려 및 고구려 유민의 나라인 발해도 재평가되었다. 나아가서 바다를 지배하고 당이나 일본과 무역을 한 신라의 장보고(張保皐. ?-841)가 스케일이 큰 세계화의 모델로서 찬양되었다. 이와 같이 90년대에 한국은 새로운 시대에 걸맞게 역사를 재정의하였다.

7) 문화라는 전략 · 전통 재평가

이와 같이 세계화와 정보화 시대에 한국은 역사를 재평가하고 동시에 '힘'과 '정통' 개념을 재정의했다.

이것은 '안으로의 지향'과 '밖으로의 진출'을 동시에 긍정하는 논리로, 새로운 '리'의 통합이었다. 이 작업으로 인해 한국인은 맘 편하게 문화전쟁에 몸을 던질 수 있었다. '리'가 있으면 한국인은 '기' 죽지 않고 싸울 수 있기 때문이다.

한국에서 문화는 고급문화와 저급문화로 뚜렷이 분류된다. 한국은 역사적으로 고급문화의 담당자이고, 일본은 저급문화가 몹시 성행하는 나라이다. 그러나 그때까지 한국의 문화적 우월성을 설명하는 언설은 모두 안으로 향한 것이었다.

그런데 90년대에 들어서는 이 방향이 밖으로도 향하게 되었다. 구심형(求心型) 민족주의에서 발신형(發信型) 민족주의로의 확대이다. 경제 경쟁의 배경은 문화 경쟁이기도 하다고 여겨졌기 때문에, 이 시기에 문화적 통합과 팽창, 문화의 상품화가 급속하게 진행되었다. 한국의 문화를 통합하고 한국의 문화적 이미지를 승화시키는 작업을 계속한 것이다.

8) 2002년 문화 월드컵

예를 들면 2002년 월드컵이 한국인에게 지니는 의미는 이 문화전쟁의 연장선상에 있었다. 한국에서는 한일 공동 개최의 2002년 월드컵은 단순한 스포츠 대회가 아니라고 생각되고 있다. 한국이라는 국가를 '제대로' 세계에 알리는 장으로, 특히 일본과 비교하여 한국의 문화적 우수성을 전 세계에 호소할 절호의 찬스라고 보고 있다[17쪽]. 그래서 자주 '문화 월드컵'이라고 불린다.

"한국을 방문하는 외국인에게 '우리' 국민의 따뜻한 마음씨와 '우리' 나라가 일본보다도 유구한 역사와 문화를 갖고 있다는 사실을 집중적으로 어필하는 계기로 삼지 않으면 안 된다." "축구 경기에서도 이기고, 관중의 수준이나 관광객의 유치에서도 일본을 압도하여, 한국의 우수성을 확실히 보여주고, 잊을 만하면 터져 나오는 망언이 더 이상 일본열도에서 나오지 않도록 해야 한다."[《동아일보》 인터뷰에 응하는 시민]

문화적 이벤트, 전통의 강조, 친절 등 모든 분야에 걸쳐서 일본에 지지 않도록, 국민적인 일체화와 고양이 요청되고 있었다. 월드컵을 '민족·문화라는 리'의 개최의 장으로 삼으려고 한 것이다.

9) 기원 전설의 재창조

또한 한국은 이 시기에 "일본의 고급문화의 기원은 거의 모두 한국에 있다"라는 오래된 언설을 강화하고 세계에 선전하는 일을 추진했다.

원래 일본의 고대문화의 많은 부분이 한반도로부터 건너왔다는 것은 분명하지만 한국인은 일본의 고급문화의 모든 것이 한국 것이고, 혹은 한국인이 가르친 것이라고 굳게 믿고 있다. 그리고 악랄한 일본인이 이러한 역사적 사실을 날조하여 한국을 역사로부터 제거하고, 마치 일본이 기원인 것처럼 세계에 선전하고 있다고 믿고 있다. 예를 들면 일본의 대표적인 미의 조형이라고 하는 백제관음이나 고류지(廣隆寺) 미륵보살상 등은 '일본의 미'가 아니라 '한국의 미'라고 한다. 그러나 한국에서는 소멸해 버렸다.

한국에서 사라진 미를 일본으로부터 되찾는다고 하는 이러한 기원 쟁탈전의 배후에는 "일본인의 문화적 자존심을 꺾고 한국인의 문화적 자존심을 회복하자"는 명확한 목적이 있다. 여기에서 패하면 세계 문화전쟁에서 쓰라린 패배를 맛봐야 한다. 그것은 문화 자존심의 갑옷을 입은 한국인으로서 도저히 용납할 수 없는 사태일 뿐만 아니라, 근대화의 실패에 이은 두 번째의 치명적인 타격이 된다고 비장하게 자각하고 있는 것이다.

10) 일본의 뿌리는 한국

한국인은 일본의 훌륭한 것의 뿌리, 혹은 백보 양보해서 일본에게 좋은 것을 전달한 것은 모두 한국이라고 생각한다. 또한 가라테(空手)·선(禪)·간장 같은 것은 일본의 고유문화가 아니기 때문에, 일본어로 세계에 통용되는 것은 불합리하다고 생각하고, 일본어가 아닌 한국어로 통용시키자고 한다. 예를 들면 선(禪)을 '젠(Zen)'이 아니라 '선'이라고 하는 식으로―.

그것은 잃어버린 역사를 되찾는 작업이기도 하다. 예를 들면 선불교는 일본보다 한국이 전통이 깊은데, 스즈키 다이세쓰(鈴木大拙)라는 인물이 제국주의 시대의 국력에 힘입어 전 세계에 마치 '선불교는 일본 것'인 것처럼 선전했다. 이 잘못된 역사 선전을 바로잡지 않으면 안 된다는 것이다.

또한 한국인이 말하는 바에 의하면, 『만요슈(万葉集)』는 한국어로 쓰여진 것이고, 조선의 천재 화가 김홍도(호는 단원(檀園). 1745-?)가 바다를 건너 일본에서 토슈 사이샤라쿠(東洲齋寫樂. 1794년에서 이듬해에 걸쳐 작품을 남김)가 되었다고 한다. 뭐든지 좋은 것의 뿌리는 한국, 나쁜 것의 기원은 일본이다. 한국은 좋은 것만 일본에 전했는데 일본이 한국에 전한 것은 나쁜 것들뿐이다.

11) 뿌리 콤플렉스

뿌리가 있는 자야말로 존경받을 만하다. 왜냐하면 뿌리란 '리'의 근원이기 때문에―. 한국인의 '뿌리'에 대한 '한'은 거대하다. 그것은 커다란 상처이다. 왜인가?

우선은 일본 때문이다. 일본의 뿌리는 한국이다. 고로 반드시 일본인은 한국인을 존경하지 않으면 안 된다. 그런데도 일본인은 한국인이 문화를 전달해 준 고마움을 잊고, 역으로 한국에 대해서 모독을 일삼고 있다. 이것이 한국인에게 있어서는 상처이다. 또 하나는 중국 때문이다. 한국인이 뿌리로 열거하는 것의 대부분이 한자나 유교, 도자기나 차와 같이, 실제로는 중국에 뿌리가 있는 것이기 때문이다.

한국의 고민중의 하나는 중국이라는 보편과 일본이라는 특수 사이에 끼어 있다는 것이다. 특수에 맞서서는 보편을 무기 삼아 능수능란하게 나오고, 보편에 맞서서는 그 보편의 정수(精髓)를 손안에 쥐고 순도를 가지고 싸운다. 이것이 종래의 전법이었다.

한국의 독자적인 문화의 뿌리도 있기는 있지만 그것으로 승부하는 것은 꺼려졌다. 그러나 이제는 문화의 상품화에 의해 김치나 판소리, 사물놀이 등 이제까지는 '기 진영'에 있던 것들이 '리'를 획득하여 문화전쟁의 무기로 인정받은 것이다.

3. 한일 관계의 난관과 미래

1) 일본 · 일본인 인식의 오류

90년대까지 한국에서는 다음과 같은 일본관 · 일본인관이 정형화되어 있었다.

① 일본인은 비도덕적이다 ② 일본인은 돈의 노예다 ③ 일본인은 성의 노예다 ④ 일본인은 권위에 약하다 ⑤ 일본인은 의리를 모른다 ⑥ 일본인은 정이 없다 ⑦ 일본인은 주체성이 없다 ⑧ 일본에는 문화가 없다 ⑨ 일본에는 배울 것이 없다 ⑩ 일본은 없다

이 인식들은 예를 들면 드라마나 다큐멘터리와 같은 TV 프로에서, 신문 기사에서, 학교 수업에서 혹은 사람들의 일상 회화에서, 질릴 정도로 반복되면서도 결코 질리지 않는 언설들이었다. 이에 반하는 일본인상을 **공식적으로** 말하는 것은 한국인으로서는 하나의 모험이었다. 일본인의 한국인에 대한 오해의 많은 부분이 한국인의 '리기'적 성격을 모르기 때문에 생기는 것과 마찬가지로, 한국인의 일본인에 대한 오해는 한국인이 '리기'적인 시선으로 다른 문화를 일방적으로 자기문화 중심적으로 바라보는 데에서 생기고 있다.

2) 오류의 내용

이러한 오해는 한국은 '리'의 나라이고 일본은 '리'의 나라가 아니라고 하는 전제에 의해 도출되고 있는 것이다. 그 구조를 다음과 같이 해명할 수 있다.

"일본인은 비도덕적이다", "일본인은 돈의 노예다", "일본인은 성의 노예다", "일본인은 의리를 모른다", "일본에는 문화가 없다"는 인식은, "일본인은 '리'가 결여되어 있는 나라 사람들이다"="일본인은 탁한 '기'를 지닌 사람들이다"라는 도그마에서 바로 도출되는 오류 명제이다.

"일본인은 권위에 약하다", "일본인은 주체성이 없다"는 인식은 "일본인은 '리'의 담당자가 아니다=일본인은 '님'이 아니라 '놈'이다"는 도그마에서 직접적으로 도출되는 오류 명제이다.

"일본인은 정이 없다"는 것은 일본 사회도, 한국 사회와 마찬가지로, 〈리의 지배와 기의 피지배→피지배 진영의 상호부조〉라는 구조로 성립되고 있다는 단순한 오해에서 도출된 오류 명제이다.

일본인은 정이 없는 것이 아니라 한국형 사회구조에 의해 만들어진 한국형 정이 없는 것이다. 그러나 이것을 한국인은 이해해 주지 않는다.

3) 일본은 본(本)이 아니다

90년대에 한국에서 베스트셀러가 된 책 중에 전여옥(1959-)의 『일본은 없다』(지식공장소, 1993)라는 수필집이 있다. 여기에서 '일본은 없다'란, 일본이라는 섬나라 자체가 '없다'는 것이 아니라, "일본에는 본받을 만한 것이 없다"는 것이다.

'본'이란 도덕적 규범을 말하는 것으로 다른 말로 하면 '리'이다. 일본은 〈본(本)=도덕〉이 아니라 〈말(末)=기술〉의 존재이다. 왜냐하면 일본은 〈리=본〉의 체현자가 아니기 때문이다. 그런 일본에서 본받을 만한 것이 없다고 하는 것은 동어반복(tautology)에 지나지 않는다.

이것은 "일본이 모범이다"라는 (좁은 의미의) 사대주의적 생각을 갖고 있던 일부 구세대에 대한, 새로운 세대의 주체주의 선언이었다. 한국의 경제적 성공이 달성되자, 그 달성을 위해 일본에서 많은 것을 배워 온 구세력은 〈반주체 세력=놈〉으로 축출될 운명에 처했다.

한국에서 '일류' 지식인이 되기 위해서는, "일본에는 X가 없다"(X란 높은 가치의 그 무엇)고 말하지 않으면 안 된다. 이것은 조선 시대에 "중국(中原)에 중화(中華)는 없다"고 청을 부정한 노론파가 권력을 잡았던 것의 연장선상에 있다. "일본은 없다"는 명제는 이것의 한국적 전통을 재현한 것이다.

4) 일본 문화 개방의 리기론

일본 문화의 개방에 반대해 온 한국인의 논리는 "일본 문화는 '우리' 한국인의 감정 · 정서에 맞지 않고 악영향을 끼친다"는 것이 대부분이었다.

그러나 감정 · 정서에 맞는지 안 맞는지를 대체 누가 정하는 것일까? 기 진영의 인간이 아니라 '리'를 쥐고 있는 진영의 인간이 정하는 것이다. 왜냐하면 감정 혹은 정서란 '기'이고, 그 '기'의 흐름 · 방향성을 결정하는 것은 〈리=도덕적 규범〉이라고 생각하고 있기 때문이다.

'기'에는 자율성이 없다. '기'는 '리'에 의해 통제되고 지배된다. 따라서 〈도덕=리〉의 주체인 지식인이 한국인 전체의 감정을 통제하지 않으면 안 된다. 그것이 지식인의 사명이라고 생각하고 있는 것이다.

일본 문화를 비판의식 없이 좋아하는 젊은이들이 90년대 이후 급격하게 늘어났다. 어른들(기성세대)은 집요하게 그들을 공격해 왔다. 젊은이들은 "일본 것이라서 좋아하는 것이 아니라, 자신이 좋아하는 것을 찾다 보니까 그것이 우연히 일본 것이었다"고 반론한다. 그러나 어른들은 그런 마음가짐 자체가 '리'가 결여된, 주체성이 없는, 괘씸한 태도라는 것이었다. 단순히 '좋아한다'는 감정으로 움직여서는 안되고, '리'를 가지고 감정을 통제하지 않으면 안 된다는 것이다.

5) 반일 감정은 '리'이다

반일 감정이라는 것도 마찬가지이다. 이것은 "일본을 증오한다"는 감정과는 별개이다. 일본을 증오하는 감정을 "증오하지 않으면 안 된다"고 하는 '리'로서 당위화하고 있는 것이다. 즉 일본을 증오하고 혐오하는 것은 〈감정=기〉이지만, 일본을 반대하고 멸시하는 것은 〈논리=리〉인 것이다. '반일 감정'은 실은 이미 감정이 아니라 '리'이기 때문에, 이것이 얼마나 체현되고 있는가에 의해서 모든 한국인은 수직적으로 서열이 매겨진다. "일본인에 대해 반항심이 없다니, 한국인이 아니다." 이 말이 매스컴·학교·지역사회·가정 등 모든 장소에서 반복된다. 현대 한국에서의 '리'는 더 이상 거대한 통반석이 아니라 어느 정도 세분화되었지만, "일본에 부정적이지 않으면 한국인이 아니다."라는 명제만은 무너지는 일은 없었다. 오히려 이 궁극의 '리'가 '하나의 한국', '거대한 통반석인 우리'를 간신히 만들어 온 것이다.

반일(反日)이라는 '리'가 '한국인'이라는 환상 공동체를 만든다. 그리고 그 '리'에 의문을 던지려고 하는 인간은 '한국인'이라는 공동체에서 배제되었다. 그러나 90년대에 "그냥 일본 만화를 좋아해서", "일본의 음악을 순수하게 좋아한다"는 발언이 드디어 표면에 올라왔다. 사적인 욕망을 표현한 것에 지나지 않는다고 여겨졌던 이 말들에게, 김대중 대통령의 일본 문화 개방이 단숨에 정당한 '리'를 부여하기에 이르렀다.

6) 다양한 언설의 결여

한국인은 민족·국가라는 '리'에 사로잡혀 있다. 나라 사랑, 즉 애국 이야말로 그들의 지상명령이다. 여기에는 자유가 있는 것 같지만 없다. 정부를 비판할 수는 있지만 국가 자체나 민족자체를 부정하는 것은 결코 안 된다.

예를 들면 독도 문제에서도 '독도는 우리 땅'이라는 절대적인 명제 자체를 부정하는 언설은, 한국에서는 공식적으로는 불가능하다. 왜냐 하면 그것은 신성불가침의 '민족리'이기 때문이다.

일본인에게 "다케시마(竹島)는 일본 땅인가?"라고 물어보자. 다양한 대답이 나올 것이고, 대다수는 무관심하기도 할 것이다. 또한 다케시마가 일본의 영토가 아니라는 것을 적극적으로 주장하는 일본인 학자가 있고, 그 연구가 한국 측 주장의 커다란 논거가 되고 있다. 그리고 빈번히 인용되기도 한다.

반면에 한국은 "독도는 우리 땅인가?"라는 물음을 던지고서 그것을 검증하는 것은 아니다. '독도는 우리 땅'이라는 당위의 '리'가 선험적으로 먼저 있고, 그것을 정당화해 나가는 것이다. 다양한 언설의 봉쇄, 이것이 한국을 움직이는 〈원동력=리〉이기도 하다.

7) 일본에 의존하는 한국의 '리'

결국 이와 같은 심성이 한국을 일본에 종속되게 하는 것이다. "독도
는 일본 것이 아니다"라고 주장하는 일본 학자의 연구를 사용해서 자
국의 이론을 전개하는 한국인. "일본은 없다"라는 명제의 이면에 "일
본이 없어지기를 바란다"라는 바람과 "일본은 있어서는 안 된다"는 당
위를 담아서 말하는 한국인. 모든 것을 일본이라는 존재에 의존하면
서 말하는 한국 지식인이야말로 한국의 모든 문제를 '일본화'하고 있
는 것이다. 일본과의 관계 없이 한국을 말할 수 없게 하고 있다.

한국 지식인이 '우리나라' 고유의 문화를 찬양할 때도 마찬가지이
다. 예를 들면 미술 평론가인 최순우(崔淳雨. 1916-1984)가 한국미를 자
찬하는 글을 보자. "한국의 주택은 일본 가옥처럼 꼼꼼하며 신경질적
인 디자인이나, 만드는 데 있어 기교미를 자랑하거나 하지는 않는다.
인위적이고 째째한 석가산(石假山)이나 이발소에 다녀온 것 같은 정원
수로 정원을 꾸미거나 하지도 않는다. 그리고 중국의 집처럼 거창하
지도 않다. 한국의 집은 말쑥하고 차분하며 한국의 자연의 풍광에 그
크기가 잘 융합되어 있다"[『우리 미술 우리 문화』, 학고재, 1992] 여기에는
한국인의 귀에 가장 듣기 좋은 논리의 패턴이 깃들어 있다.

8) 일본 없이 성립할 수 없는 한국을 만드는 것이 한국 지식인의 역할

이것은 "일본의 조형은 A이기 때문에 아름답지 않다", "중국의 조형은 B이기 때문에 아름답지 않다"라고 일방적으로 규정하고, 그런 뒤에 "한국의 조형은 A이지도 B이지도 않다. 고로 아름답다"라는 형태로, 한국미를 자화자찬하는 것에 지나지 않는다.

이런 사고는 한국 지식인에게 공통적으로 보인다. 한국 문화를 설명하는 데 일본이나 중국 혹은 서구를 부정적으로 매개시켜 말한다. 그중에서도 특히 일본과의 비교에 주안을 둔다. 한국을 일본이나 중국, 서구에 종속시키는 사고란 이런 것을 말하는 것이다.

그뿐만이 아니다. 일본이나 중국, 서구의 다양성을 부정하고 일면화하여 그 부정의 모습으로 한국의 다양성도 부정해 버린다. 그것은 "일본 없이 한국문화는 성립할 수 없다"고 말하는 것과도 같다. 다른 한편으로 한국인은 "문화 없이 한국은 성립하지 않는다"고도 말하고 있다[225쪽]. 즉 한국인은 "일본 없이 한국은 성립하지 않는다"고 말하고 있는 것이다.

그렇다면 한국인은 왜 일본이라는 '외부'에 의존하는 것일까? 한국의 리기학을 검토해 온 우리에게 그 대답은 자명할 것이다. '리'는 자신의 존립을 위해서는 반드시 '외부'를 필요로 하기 때문이다.

9) 망언이라고 규정하는 동어반복

일본 정치가의 망언이 종종 한국인을 화나게 하여, 한일 관계는 복잡해진다. 망언이란 무엇인가? "〈리없는 말=비도덕적인 말〉이다. 그러나 '말'은 질서이고 '리'이기 때문에, '비도덕적인 말"이란 그 자체로 모순이다.

'말'이 안 되는 음성은 '소리'라고 한다[45쪽]. 따라서 비도덕적인 말은 소리와 다름없다고 할 수 있다. 어떤 사람의 발언이 망언이라고 규정되는 것은 '님'에 의한 '놈'의 봉쇄 전략에 걸려들었음을 의미한다. 그것은 유교적 봉쇄이다. '놈'이란 '리'가 발현되지 않은 인간이다. 그런 인간이 올바른 말을 할 〈리=까닭〉이 없다. 따라서 놈이 발한 음성은 소리에 지나지 않는다고 여겨진다.

그리고 말을 발하는 인간은 소리를 논의의 상대로 삼지는 않는다. 즉 어떤 인간이 발하는 말이 올바른지 아닌지를 분석·검토한 결과 소리나 망언이라고 판단하고 규정하는 것은 아니다. 소리나 망언밖에 발화할 수 없는 인간이 발한 음성이기 때문에 거기에는 '리'가 없다. 따라서 그것은 소리나 망언인 것이다.

이것이 동어반복에 지나지 않는 것은 이제 자명할 것이다. 일본의 정치가는 유치한 말을 내뱉고, 한국인은 동어반복의 회로를 맴도는 것이다.

10) 일본의 역사관과 한국의 역사관

"일본은 역사를 중시하지 않는 나라이다." 한국인의 대부분은 이렇게 생각하고 있다. 왜냐하면 일본은 과거를 도덕지향적으로 재해석하고, 그것에 기초하여 미래를 당위적으로 창조하려고 하는 의지가 결여되어 있기 때문이라는 것이다. 이것은 올바른 지적일 것이다.

그렇다면 한국은 역사를 중시하는가? 한국인은 당연히 긍정할 것이다. 확실히 한국인은 역사에 집착하고 첨예한 역사의식으로 몸을 무장하고 있는 것처럼 보인다. 그러나 과거를 흠잡을 데 없을 정도로 도덕지향적으로 재구축하고, 춘추 필법에 의해 훼예포폄(毁譽褒貶)으로 일관하는 태도는, **유교적인 의미에서** 역사를 중시하는 것에 지나지 않는다.

예를 들면 '식민지 근대화론'에 대한 거부는 식민지 시대의 역사적 사실(실로 그것들은 조선 근대화의 귀중한 발자취였다)을 일절 인정하지 않고, 주자학의 동기주의와 도덕지향성을 가지고 "그래, 그것들이 우리 나라의 근대화를 추진했다고 해도, 그것은 일본이 조선을 위해서 한 것이 아니라 어디까지나 일본의 이익을 위해 한 것이다"라고 반론하는 것이다. 여기에서 역사적 사실은 소홀히 되고 동기와 도덕만이 문제가 되고 있다. 그래서 한국에서 보면 일본인은 역사를 중시하지 않지만, 일본에서 보면 한국인도 역시 역사를 중시하지 않는 것이다.

11) '기'(마음)가 맞는 상대인가? 상호 '리'해인가?

시대가 흘러 90년대 이래로, 한일 관계는 표면적으로는 '가깝고도 먼 나라'에서 '가깝고도 가까운 나라'가 되어 가고 있는 것처럼 보이기도 한다. 실제로 한국에 수학여행 가는 일본의 소년 소녀도 많고, 또한 양국을 왕래하는 여행자도 엄청나다. 매년 수백만 명의 일본인이 한국을 찾고 있다는 사실은 놀랄 만하다.

거기에는 사람과 사람의 직접적인 만남이 있고 감동이 있다. 상대국의 드라마나 애니메이션이나 노래를 좋아한다. 서로에게 나쁜 감정은 점차 희박해지고 마음과 마음의 공감이 고조된다. 그러나 이것은 어디까지나 '기'의 관계라는 사실에 주의하지 않으면 안 된다. 서로 '기'(마음)가 맞고 마음을 터놓고 사귀어도, 본질적인 부분에서 서로를 '리'해할 수는 없다. '기'의 부분만으로 사이좋게 지내도 실은 아무것도 달라지지 않았을지도 모른다.

일본인이 한국인을 이해하는 것은 어렵다. 이해한다는 것은 다름 아닌 한국의 '리'를 이해한다는 것인데, 그것을 이해하는 순간 일본인은 그 '리'에 의해 순식간에 붕괴되어 버릴지도 모른다. 왜냐하면 그것은 일본인을 부정하는 '리'일지 모르기 때문이다. 한국을 이해한 듯한 얼굴을 하고 걸어가고 있는 사람들이 있지만, 그것은 거짓된 이해일지 모른다.

12) 과거의 청산은 가능한가 ― 리기의 입장에서

역사 청산이라는 문제에서도, 만약에 이것을 리기적 관점에서 파악한다면 문제는 더 어려워지게 될 것이다. 그 일례를 들어 보자.

유교적 생사관으로 사는 동아시아에서는 과거의 전쟁이나 학살은 결코 단순한 '기억'이 아니다. 왜냐하면 죽은 자들은 아직도 이 세상에서 소멸되지 않고 혼의 형태로 생생하게 떠돌고 있기 때문이다. 학살되거나 혹은 위안부로 고통을 안은 채 죽어 간 피해자들의 원혼은 산자와 함께 아직도 생생하게 살아 있다. 반은 중국적·유교적이면서 반은 비유교적(인도적·불교적 혹은 일본적)인 생사관으로 사는 일본인에게 이것의 절반은 이해할 수 없는 것이다.

그러나 절반은 이해할 수 있는 것으로, 실제로 일본에서는 가해자로서 죽은 자가 아직도 소멸되지 않았기 때문에 자기의 조상을 불명예로 더럽히고 싶어 하지는 않는다. 서양처럼 개인에게 귀속되는 책임과 죄라는 차원에서 해결할 수 있는 문제가 아닌 것이다. 그렇기 때문에 일본은 과거 문제를 독일처럼 아주 단순하게 처리할 수는 없다.

그렇다면 혼이 대기 속으로 융해해 버리면 이 문제는 해결될 수 있는가? 아니다. '리'의 힘이 혼의 융해를 단호하게 저지하고 원혼의 영속을 논리화해 갈 것이기 때문이다.

13) 리의 고마움과 기의 고마움

'우리'는 고맙다는 말을 잘 못하는 민족이라고 한국인은 말한다. 마음으로는 감사하고 있지만 입으로는 표현하지 못한다는 것이다. 그러나 생활속에서 한국인은 상당히 편하게 "고마워요"라고 말하고 있는 것처럼 보이기도 한다. 일상에서 편하게 표현되는 "고마워요"는 '기의 고마움'이다.

이에 반해 '리의 고마움'은 수직적인 인간관계에서 표현된다. 즉 이 말을 한 인간은 상대보다도 아래에 들어가게 되는 것이다. 그래서 한국 사회에서는 아이들이 이 리의 고마움을 어른에게 자주 표현하도록 교육받는다. 그러나 성장함에 따라서 이 말을 하는 것은 자신의 입장을 결정하는 중대한 의미를 지니게 되기 때문에 쉽게 말할 수 없게 되는 것이다.

김대중 대통령이 1998년의 일본 방문 때에 한국의 통화위기에 대한 일본의 지원에 대해 '진심으로 감사'한 것은 용기 있는 행위였다. 이것은 국회라는 공식 석상에서 표현된 리의 고마움이었기 때문이다. 그러나 그는 일본에 대해서 "과거를 올바르게 인식하고 겸허하게 반성하는 결단이 부족하다"고 지적하고, 일본인에게 참된 도덕적 용기를 요구함으로써 한국의 도덕적 입장을 떨어뜨리지 않는 배려를 결코 잊지 않았다.

14) 한일 관계의 미래로

이제까지 보아 온 리기의 세계는, 사실은 유교사회의 구축을 지향한 일본에 대해서도 적용되는 바가 적지 않다. "동아시아의 나라들은 각각 동아시아 문화권의 중심이라고 자기 규정하고, 자기 주위의 민족을 오랑캐로 보는 '중화사상공유권'이다[古田博司, 「중화사상공유권의 새로운 패러다임」]." 이것을 나의 언어로 표현하면 '리'의 공유권이다.

현재 일본의 '리' 지향성은 중국·한국·북한에 비해 현저하게 약하지만, 그럼에도 불구하고 과거 '일본리'가 강대했던 시대에 대한 동경과 향수에 선동되어 하나의 '국가리'로 응집하려는 움직임은 뿌리 깊게 존재한다. 한국을 대등한 상대로 간주하지 않는 뿌리 깊은 자세, 상상력과 포용력과 윤리가 결여된 정치가나 일부 국민의 편협한 발상, 한일의 과거와 일본인의 죄에 무지하고 무관심한 많은 사람들…. 이것들은 일본인 자신이 변혁해 나가지 않으면 안 되는 것이다. 과거를 청산하기 위한 노력을 계속해 나가지 않는 한, 지향해야 할 미래 같은 것은 결코 찾아오지 않을 것이다.

한일 관계가 어렵기는 하지만, 우리가 이 문제들을 극복하지 않고 도중에 포기하는 것은 결코 허용되지 않는다. 이웃 나라와의 어려운 관계를 극복할 때에 비로소 일본(인)은 세계를 올바로 바라볼 수 있을 것이다.

말하지 못하는 것에 대해서 침묵해서는 안 된다.

오구라 기조 교수는 현재 일본 교토대학(京都大學) 대학원에서 한국
철학을 강의하고 있다. 그는 현대 일본에 한국철학이나 한국사상을
연구하는 학회나 연구회가 존재하지 않는 현실을 '이상(異常)한 상태'
라고 지적하면서 일본 사회에서 한국철학을 비롯한 한국학 연구를 견
인하고 있는 대표적인 지한파(知韓派) 학자이다.

오구라 교수의 문제의식과 그가 전개하고 있는 학문운동은 한국인
인 나에게도 깊이 공감되는 바가 많았다. 그래서 나는 그의 초청으로
2011년 8월부터 이듬해 8월까지 1년간 교토대학대학원 인간환경학연
구과에서 한국철학을 비롯한 한국학 전반을 중심으로 오구라 교수와
공동연구를 수행한 적이 있다. 체류 기간 동안 그가 베풀어준 따뜻한
배려 덕분에 교토에서 보낸 1년은 나의 학문적 연찬에 적지 않은 영향
을 끼쳤다.

오구라 교수의 한국과의 인연은 아주 깊다. 1980년대에 서울대학
교 대학원에 유학하여 8년 동안 한국철학을 공부했다. 유학 기간 중
대학 바깥에 계시는 한국의 대표적 지성들을 두루 찾아다니며 '깊은
공부'를 거듭한 사실은 그의 학문적 연찬이 매우 깊고 넓음을 보여주
는 에피소드라 할 것이다. 또한, 본국에 귀국해서는 일본의 공영방송

NHK에서 한글강좌를 담당하면서 1990년대 후반부터 일본에서 일기 시작한 '한류' 붐 조성에 기여한 사실은 한국인이라면 꼭 기억해 두어야 할 내용이 아닌가 생각한다.

그러나 무엇보다도 주목해야 할 것은 바로 1998년에 고단샤(講談社)에서 출간한 저서 『한국은 하나의 철학이다(韓国は一個の哲学である)』이다. 이 책은 일본인들의 한류 붐에 커다란 변화를 가져온 베스트셀러이다. 드라마나 영화, 가요 등 대중문화 중심의 한류 붐을 일거에 철학이나 역사, 문화에 대한 관심으로 전환시킬 만큼 일본인들에게 큰 '지적 충격'을 던져주었다. 따라서 한국에서도 이 책에 대한 관심이 높았음은 지극히 당연한 일이었다. 그러나 제반 여건은 이 책의 한국어판 출간을 쉽게 허락하지 않았다.

이번에 조성환 박사의 손으로 비로소 한국어판이 나오게 되었다. 일본어 원저가 나온 지 무려 20년이 지나서 말이다. 저자와 역자 모두에게 한국어판 출간을 진심으로 축하드린다. 또한 독자들에게는 이 책을 통해 '우리 철학, 우리 학문, 우리 문화, 우리 종교'에 대해 성찰할 수 있기를 염원한다.

2017년 11월
원광대학교 원불교사상연구원장 박맹수

감사의 말

지금도 한밤중에 혼자서 책상에 앉아 있다가 '한국'이라는 말을 중얼거리면 나도 모르게 마음이 동요되어 소리를 지를 것만 같다. 눈발 흩날리는 서울의 은색 밤 풍경을, '리(理)'와 '난(亂)'의 사이를 질주하려고 몸부림치는 것이다.

이하의 사람들에게 진심으로 감사드린다. 먼저 모든 한국인. 이들은 '나'라고 하는, 항상 고독한 이리와 같은 인간을 대단히 강인하게 해 주었다. 8년간의 한국 생활을 거쳐 나는 강철의 이리가 되었다.

후루타 히로시(古田博司) 씨. 나의 한국학 스승이자 학문상의 형이다. 처음 내가 후루타 씨에게 편지를 보낸 이래 스승 없는 나를 받아 주고, 단호한 윤리적 자세로 은혜를 베풀어 주었다. 하야시베 미츠요시(林辺光慶) 씨. 이 책을 만든 사람으로, 무명의 나를 손쉽게 발견한 달인(達人)이자, 너그러운 인품으로 나의 느린 발걸음을 지켜봐 준 사람이다. 호리키리 카즈마사(堀切和雅) 씨. 항상 싱싱하고 자극적인 이 친구의 요구에 응해서 잡지에 쓴 글이 하야시베 씨의 예리한 눈에 들어간 것이 계기가 되어 이 책이 탄생하였다. 또 많은 연구자의 뛰어난 업적이 나의 사색의 양식이 되었음을 나는 잊지 않고 있다.

1998년 11월 오구라 기조(小倉紀蔵)

   이 책은 "모든 처녀작은 가능한 한 오만이지 않으면 안 된다"는 낭
만적인 통념이 간신히 남아 있던 시절의 산물이다. 그전까지 자그마
한 에세이집을 낸 적은 있었지만, 나로서는 실질적인 데뷔작이라고
할 수 있는 이 책에서, 비트겐슈타인 식으로 말하면, "한국에 관한 인
식은 최종적으로 해결되었다"고 나는 생각했다. 이 불손한 생각은 유
감스럽게도 지금도 변함이 없다. 이 책을 쓴 지 벌써 십 수년이 지났
건만 그 사이에 나의 한국 인식이 한 치도 성장하지 않은 것은 이 때
문이라고 생각된다.

   1996년에 8년간의 한국 유학 생활을 마치고 일본에 돌아온 나는 곧
바로 "한국이라는 이 놀랄 만한 현상"을 억지를 부려서 온 힘을 다해
해석하는 작업에 착수했다. 이것은 앞뒤 안 가리고 큰소리치는 식으
로 하지 않으면 안 된다는 확신이 있었다. 세세한 부분을 하나하나 인
식한 후에, 그것들의 축적을 가지고 무언가를 말하는 방식은 이 한국
에 관한 한 잘못되었다고 생각했다.

   첫 번째 이유는 한국 자체가 귀납적인 사회가 아니라 연역적인 사
회이기 때문이고, 두 번째 이유는 그 연역적인 한국을 굴복시키기 위
해서는 전적으로 귀납적인 방법이 아니라 "귀납적이면서도 연역적
인" 방법론이지 않으면 안 된다고 생각했기 때문이다. 그리고 주자학

이야말로 이 "귀납적이고 연역적"이라는 방법론을 완벽하게 체현한 사상이었던 것이다. 연역적인 측면을 '리', 귀납적인 측면을 '기'라고 하면, 이 중에서 후자가 멸시되고 있는 것이 한국사회의 특징이라고 생각했다. 이것을 마음껏 써보고 싶었다.

어쨌든 내가 할 일은 단 한 권의 책으로 한국을 일격에 '아웃'시키는 것이었다. 실수나 망설임은 용납될 수 없고 확실한 일격이지 않으면 안 되었다. 이 책을 쓰고 나면 더 이상 아무 것도 쓸 필요가 없는, 그런 책을 쓰는 것이었다. 그러기 위해서는 '신서(新書)'라는 소책자 형식은 더할 나위 없는 무대라고 생각되었다. 이 작은 무대에서 가능한 한 철저하게 한국을 발가벗겨 주겠다. 이것이 나의 건방진 바람이었다. 건방지다고 하면 오스카 와일드가 떠오른다. 이 책의 첫머리가(13쪽) 명백하게 와일드풍의 말투로 되어 있는 것은 아마도 그 때문일 것이다.

여기에서 이 책의 내용에 대해서 잠깐 얘기하고자 한다. 이 책은 무엇보다도 한국에 대한 찬탄과 비판의 책이다. 이 책의 제목에 이 두 가지가 모두 들어 있다. 찬탄은 '철학'이라는 말에, 비판은 '하나(一個)'라는 말에 담겨 있다. 한국은 왜 이토록 철학적인가? 이것이 내 관심의 중요한 기둥이었다. 한국을 **단순한** 혼돈으로 보거나, 혹은 **단순히** 이데올로기적인 사회로 보는 것은 명백한 오류라는 확신이 있었다. 그와 동시에 한국이라는 사회가 왜 이토록 살기 힘든가, 왜 사람들이 고통에 시달리고 있는가, 라는 물음에 대해서는 '하나'라는 말이 단적으로 해답을 준다고 생각했다.

오해하지 말았으면 하는 것은, 나는 결코 한국에는 가치관이나 이념이나 이데올로기나 종교 등이 **하나밖에 없다**고 말하는 것은 아니라는 점이다. 한국인은 다양하고(75쪽), 항상 "또 하나의 한국"을 주장하는 세력이 등장한다(76쪽). 그런 의미에서는 한국은 물론 복수이지만, 흥미롭게도 이 사회에서 어떤 도덕성·정통성·정당성을 주장하여 헤게모니를 잡으려는 세력은 항상 **그 구조상에서** 동형(同型)이다. 즉 주자학적인 '리'의 구조를 띠고 있다. 그런 의미에서 한국은 하나의 철학성(哲學性)이다.

이 책의 서술 기조(基調)는 한국의 이 철학성(哲學性)과 하나임(一個性)에 대한 '놀람'이다. 나는 명백하게 한국이라는 현상에 대해 마음속 깊이 놀라고 있다. 그것은 일본과는 전혀 다른 사회라는 발견으로 인한 놀람이다. 동시에 그 발견에 수반되는 동경이자 위화감이기도 하다.

한국이라는 이 터무니없이 심오하고 불가사의한 현상에 대해서 어떤 설명의 틀을 구축하고 싶다는 욕망은 당연히 있었다. 그러나 그것뿐만이 아니다. 지금까지의 일본에서의 한국 인식이 너무나도 왜곡되어 있는 것에 대해 저항하고 싶다는 바람도 강했다. 이데올로기적인 견해나 표층관찰적인 시각은 물론이거니와, 서양의 인문·사회과학의 유용한 방법론을 한국에 적용하는 방식으로도 도저히 한국을 이해할 수 없다는 것은 자명했다.

내가 말하고 싶은 것은 "한국을 우습게 보지 말라"는 것이었다. 이것은 일본인뿐만 아니라 한국인에게도 하고 싶은 말이었다. 한국인에 의한 한국인식은 거칠고 소홀하며 허위에 가득 차 있고 태만한 것뿐이라는 생각이 들었다. 자국의 역사에 대해서조차 직시하지 못하고 있다. 대상(=한국)에 대한 애정 같은 것은 어디에도 찾아볼 수 없었다. 자국을 분석하는데 당위와 연역과 도덕과 외과수술적인 언설밖에 사용하지 못하고, 내재적으로 자국을 이해하려고 하는 소수의 성실한 언설은 부당하게 무시되거나 경멸되고 있었다.

그런 식으로 한국을 인식해서는 안 된다. 나는 8년간 한국에 살면서 항상 마음속으로 이렇게 외치고 있었다. 한국인보다도 한국을 정확하게 인식하고 싶다. 내 생각은 오로지 이것뿐이었다.

물론 성공했다고는 할 수 없다. 아무리 오만하다고 해도 이 점에 대해서는 겸허하지 않을 수 없다. 그러나 이 사회의 복잡한 동태(動態)와 변화를 기술할 수 있는 개념으로 '리' 말고는 없다는 확신을, 서울대학교 철학과에서의 비참한 유학생활 속에서 몸과 마음으로 체득하였다. 이방에서 온 이 탁기(濁氣)의 '놈'은 연구실 한쪽 구석에서 벌레처럼 몸을 웅크리면서 오로지 주자학에 침잠하고 있었다. 주자학은 책 속에만 있는 것이 아니다. 사회 전체가 주자학이었다. 한국인의 일거수 일투족이 주자학이었다. 그리고 나는 그 주자학적 세계관에 의해 철저하게 하위(下位)로 폄하되는 탁하고(濁) 치우치고(偏) 막히고(塞) 비천하고(卑) 악한(惡) 일본인이었다.

*   *   *

이 책이 다루는 시대는 이 책이 간행된 1998년까지이다. 그래서 그 후의 한국의 급격한 변화에 대해서는 말하고 있지 않다. 여기에서 '그 후의 한국'에 대해서 약간의 해설을 덧붙이고자 한다.

한국은 1998년 이래로 극적이라고도 할 수 있을 정도의 변화를 겪었다. 이 변화는 일본에 의한 식민지통치나 한국전쟁, 그리고 박정희 이래의 군사정권에 의한 한국 사회의 변화에 필적할 만한 변화일지도 모른다. 직접적으로는 'IMF 위기'라고 불리는 경제금융위기를 경험하여 국가 파탄의 직전까지 간 것, 김대중 대통령의 등장으로 한국의 '상승나선형 패턴'이 **일단** 완성된 것(210쪽), 일본의 대중문화를 개방하여 '문화의 혼합성'을 공적으로 인정한 것, 일본을 앞지르기 위한 궁극적인 무기로 정보화·IT화에 매진한 것 등이 1998년에 일어난 사건이었다. 이것은 다음과 같은 결과를 가져왔다.

먼저 자폐적인 민족주의에서 벗어나려고 세계화라는 거대한 물결과 민족주의를 동시 진행하는 전략을 취한 것이다. 이것은 이 책(221쪽)에서 말한 세계화의 연장선상에 있는 움직임인데, 변화는 더 가속화되고 급격했다. "마누라와 자식 빼고 다 바꿔라!"라고 하는 삼성의 메시지가 이 시대의 한국의 분위기를 가장 잘 나타내고 있다.

그리고 정보화·IT화의 성공에 의해 자신감을 얻은 한국은 세계화와 함께 신자유주의화, 포스트모던화, 시민사회화, 다문화주의화, 반(反)세계화와 같은 다양한 방향의 변동을 과감하게 진행하였다. 그렇다면 한국 사회는 1998년 이래로 이 책에 묘사된 것과 같은 '하나의 철학성'에서 해방된 것일까? 나의 대답은 "아니다"이다. 1998년 이후의 한국의 변화는 크게 두 가지로 정리된다.

하나는 '리'의 세분화이다. 거대한 통반석을 표방하고 있던 '리'가 시장자본주의의 진행과 정보화에 의해 잘게 쪼개진 것이다. 이것은 다른 말로 하면 '일본화'라고 이름지을 수도 있다. 한마디로 하면 한국은 포스트모던으로 본격적으로 돌입한 것이다. 이 움직임은 확실히 '하나의 철학성'에서 일탈하는 방향성이다.

그러나 또 하나는 전통적인 '리'의 각축이다. 특히 노무현 정권 시대에는 이데올로기적인 '리'의 항쟁이 격화되었다. 그것은 '보수'와 '좌파'의 항쟁이었는데, '해양국가파'와 '대륙국가파'의 항쟁이라고 해도 좋고, '국민파'와 '민족파'의 항쟁이라고 해도 좋다. 그러나 이 양자를 포섭하는 '리'가 점점 확대되어 이명박 정권 때에는 승리를 거둔다. 그것은 앞서 서술한 '세계화와 민족주의의 동시진행'이라는 '리'이다. 즉 민족주의라는 '리'가 붕괴되고, 그 후에 '리' 개념과는 다른 '세계화'라는 서양의 세계관이 찾아온 것은 아니다. 세계화라는 '리'가 새롭게 등장하고, 그것이 민족주의를 포섭하는 형태로 사회를 석권한 것이다.

21세기가 되자 한국에서는 민족주의 비판도 강하게 제기되게 되었고, 다문화주의라는 개념도 드높이 주창되고 있다. 그런 의미에서 그 이전의 한국과는 크게 다른 모습이 되고 있는 것은 확실하다. 그러나 이것들은 모두 '리'의 동태(動態)이다. 다문화주의가 '리'라고 주창되면 그 '리'를 얼마나 체현하고 있는가에 의해서 인간의 가치가 서열화된다. 사람들은 새로운 '리'의 획득에 의해 자신의 서열을 상승시키려고 한결같은 노력을 한다. 낡은 '리'를 고집하는 세력은 탁기(濁氣)의 존재로 폄하된다. 그런 의미에서는 한국 사회의 근본적인 구조는 아무것도 바뀌지 않았다. '리'의 내용이 바뀌었을 뿐이다.

＊　　　＊　　　＊

이 책은 1996년에 이와나미서점(岩波書店)에서 나온 『세계』라는 잡지에 쓴 한일관계에 관한 글을 고단샤(講談社)의 하야시베 미츠요시(林辺光慶) 씨가 우연히 읽고서, "한국에 대해서 책 하나 써 보라"고 권해준 데에서 시작되었다. 이 책의 서두에서 서술한 이유로 나는 신서(新書)라는 형식에 무한한 매력을 느꼈고, 이 작업에 몰두했다. 이런 더할 나위 없는 기회를 주신 하야시베 씨에게는 지금도 마음속 깊이 감사하고 있다.

이번에 문고화됨에 있어서는 이나요시 미노루(稲吉稔) 씨에게 신세를 졌다. 거창하기만 할 뿐 딱히 내놓을 만한 게 없는 이 책을 이해해준 데 대해 마음속 깊이 감사 드린다. 역시 인간의 행위란 사람과 사람의 만남을 통해서만 일어나게 된다는 생각을 강하게 갖고 있다.

1998년에 초판이 나온 이래로 정말로 많은 분의 서평을 받았다. 이 자리를 빌려 감사를 드린다. 그 서평들 덕분에 나는 마침내 자신이 어쩌면 고독하지 않을지도 모른다고 생각할 수 있었다(그러나 결국 이것이 잘못된 인식임을 알게 되었지만-). 북한에서 한국으로 망명한 주체사상의 완성자 황장엽 씨가 읽어준 것도 좋은 추억이 되었다.

이 책을 완성한 시점에서 내가 알게 된 것은 이 책에는 커다란 결함이라고나 할까 결점이 있다는 사실이다. 그것은 한국 사회의 '리'에 지나치게 중점을 두고 있다는 점이다. 그때까지의 한국론이 한국 사회의 '리'의 정치함을 보는 데 게을리 해 온 것을 바로잡겠다는 의욕이 너무 강했던 탓에 '리'의 동태(動態)를 그리는 일에만 급급하였다. 물론 리와 기라는 두 축의 얼개는 충분히 그려냈다고 생각하지만, 명백하게 '기'의 측면에 대한 언급은 약하다. 한국 사회의 힘있는 중층적인 '기'의 모습은 대단히 매력적이다. 그 점을 이 책에서 충분히 전달하지 못한 것을 인정하지 않을 수 없다.

이번 문고판을 간행함에 있어서 본문은 거의 손을 대지 않았다. 1998년 신서판(新書版) 간행 당시와 서술 내용은 거의 그대로이다. 다만 다음의 세 가지에 대해서는 수정을 가했다. 먼저, 초판은 1998년까지를 기술한 것이어서 이번에 문장의 시제(時制) 등을 수정할 필요가 있었다. 그리고 문고판에서는 본문의 짜임새가 약간 바뀌었기 때문에 한 페이지의 행수에 변화가 생기는 페이지가 몇 군데 있어서 그것을 조정했다.

마지막은 가장 중요한 수정인데, 초판에서는 6장 3의 18(200쪽)에서 "(앞으로는) 과연 무엇이 한국사의 주체가 될 것인가? 시민인가? 아니, 역시 국민·민족일 것이다"라고 서술했다. 그러나 그 후의 노무현 정권 시대에 한국에서는 '시민' 개념이 사회의 표면에 부상하여, 마치 '시민'이 이 사회의 주인공인 것 같은 양상을 띠었다.

여기까지 보면 내 예상이 틀린 것처럼 보인다. 그러나 한국어의 '시민'은 일본어의 '시민'과는 전혀 다른 개념이라는 점에 주의하지 않으면 안 된다. 일본어로 '시민'이라고 하면 주로 민족주의나 애국주의나 국가주의를 적대시하거나 선을 긋는 사람들이 표방하는 개념이다. 한국에서도 그런 경향이 없는 것은 아니지만, 내가 보는 바로는 한국어의 '시민'은 '국민'이나 '민족'을 배제하지 않고 오히려 포섭하는 개념이다. 따라서 초판의 서술에 오류는 없다고 생각하는데, '시민'이라는 한자어에 현혹되면 오해하기 쉽기 때문에, 이 부분은 서술에 수정을 가했다.

*　　*　　*

한국에서 살고 있을 때에 한번은 "한국인이 되자"고 결심한 적도 있었지만 좌절했다. 그런 나에게 있어서 "한국을 산다"는 것은 실로 실존 그 자체였다. 밀쳐내고 밀쳐내도 한국은 거대한 파도처럼 내 안으로 밀려 들어온다. 거기에 삼켜지지 않으려고 아슬아슬하게 버티고 있는 것이 나의 한때의 삶이었다.

그런 의미에서 이 책에 휘갈겨 쓴 문장들은 한국과의 시시각각의 격렬한 대항 속에서 간신히 붙잡을 곳이 생긴 거리감의 산물이다. 두 번 다시 이렇게 절묘한 거리감으로 한국과 대치할 수는 없을 것이다. 이 책은 어디까지나 한국 사회를 이야기하는 '골격'이기 때문에, 여기에 살을 붙여서 호사롭고 장대한 가람(伽藍)과 같은 한국론을 쓰고 싶다는 바람이 과거에 있었지만 결국 이루지 못했다. 왜일까? 아마도 이 책을 쓰고 난 다음에 두 번 다시 그러한 거리감을 한국과의 사이에서 만들어내지 못하게 되었기 때문이 아닌가 생각한다. 슬프게도 한국은 이제 나로부터 멀리 떠나가 버렸다.

지금까지 한국 혹은 조선을 제대로 성실하게 인식한 일본인은 적지만, 그 얼마 안 되는 존경할 만한 사람들이 마침내 피폐하고 야위고 고독하고 초연한 모습으로 황야에 서성거리는 것을 나는 보아 왔다. 한국을 인식해도 소용이 없다고 그 모습들은 말하고 있는 것 같았다. "한국은 **인식**하는 것이 아니라 그것을 이용해서 **운동**하는 것이다"라는 말이 언제나 저 높은 허공에서 들려온다. "한국은 그 정도야. 제대로 인식하는 것은 미친 짓이지"라는 소리밖에 이제는 일본에서도 한국에서도 들리지 않게 되었다. 그것은 악마의 소리이지만, 일본에도 한국에도 이 악마의 소리에서 자유로운 자는 이제는 거의 남아 있지 않다. 내가 사숙한 다나카 아키라(田中明. 1926-2010) 씨도 더 이상 세상에 없다.

한국을 이용 대상으로 삼아 운동한다는 것은 말 그대로 정치적인 운동을 말하지만, 또 하나 중요한 것은 기존에 권위 있는 서양의 학문적 방법론을 재빠르게 한국이라는 분야에 적용하여 논문 같은 것을 쓰고 업적을 올리려고 하는 행위도 가리킨다. 이로 인해 일본과 한국의 아카데미즘은 점점 더 서양의 세계관으로 도배질되게 되었다.

대학이라는 장은 서양적 세계관의 대리인들에 의해 거의 완벽하게 지배되고 있다. 특히 최근에는 한국 연구라는 분야에 과거에는 없었던 '우등생'이라는 사람들이 대거 가담하게 되어, 이 식민지화는 점점 더 급격하게 진행되고 있다. 일본이나 한국의 시험 우등생 같은 이들이 어찌 한국을 인식할 수나 있겠는가? 권위를 인정받은 저명한 서양적 세계관(방법론)을 기계적으로 적용하여 한국을 인식했다는 흉내를 내고, 적당한 논문을 써서 대학에서 자리를 얻고, 대량의 예산(세금)을 확보하여 자신들의 세력을 확대하려고 하는 주구(走狗)들을 나는 결코 용납하지 않는다.

그러나 이렇게 말하는 나조차도 실은 이미 몇 년 전부터 한국 인식 같은 것은 못하고 있다. 내 인식의 성장은 이 책과 그 후에 쓴 한 두 권의 책으로 멈추고 말았다. 그 외에는 의미 있는 글은 없다.

그래도 다시 한번 내가 한국에 접근하는 일이 있을까? 한국이 나에게 접근하는 일이 있을까?

모른다.

2011년 3월
교토 후카쿠사(深草)에서 오구라 기조(小倉紀蔵)

묘한 인연들의 만남

내가 저자를 처음 만난 것은 지금으로부터 20여년 전인 1990년대 중반, 서울의 대학로에 위치한 도올서원에서였다. 그때 저자는 한국 사상을 연구하기 위해 서울대학교에 유학 온 유학생이었고, 나는 이제 막 한문을 공부하기 시작한 어린 학부생이었다. 그래서 그때까지만 해도 저자와 내가 이런 식의 인연을 맺을 줄은 꿈에도 몰랐다.

그 뒤에 저자를 다시 본 것은 한류 붐이 불기 시작한 일본에서였다. 나는 2002년 월드컵의 감격을 안고 일본에 막 건너간 유학생이었고, 저자는 유학생활을 마치고 일본으로 돌아와 대학에서 강의를 하고 있는 교수였다. 동경에서 한참 동안 전철을 타고 저자의 연구실이 있는 동해대학에 무작정 찾아가서, 이 책을 번역하고 싶다는 뜻과 간단한 자기소개를 하고 돌아온 기억이 지금도 선명하다. 그러나 저자의 개인적인 사정과 역자의 게으름으로 이 책이 나오기까지는 무려 13년을 더 기다려야 했다.

그 뒤로 내가 저자를 다시 본 것은 4-5년이 지난 후로, 김태창 선생님이 주관하시는 교토포럼에서였다. 저자는 사회자로, 나는 통역자로 참여했는데, 손글씨로 유려하게 쓴 저자의 한글이 참으로 정갈하고 아름다웠다는 인상이 아직도 지워지지 않는다.

그리고 그로부터 또 4-5년 뒤에는 교토포럼에서 알게 된 박맹수 교수님과의 인연으로 다시 만나게 되었다. 2013년에 원광대학교에서 열린 한일청년 학술교류에서 저자는 제자들을 데리고 온 지도교수로, 나는 토론자 및 통역자로 참가하였다. 그리고 2016년부터는 김태창 선생님이 주관하시는 동양포럼에서 매년 뵙고 있다.

이렇게 저자와는 몇 년마다 한 번씩 우연한 자리에서 마주치곤 하는 신기한 인연이었다. 그리고 이런 신기한 인연들이 모이고 모여서 마침내 작년부터 번역서 출간문제가 다시 논의되기 시작하였다. 생각해 보면 참으로 우여곡절을 딛고 탄생한 책인 셈이다. 그래서인지 이 번역서가 나로서는 특히 애정이 간다. 학술적 가치는 물론이고 나의 인생의 일부가 담겨 있기 때문이다.

지금까지 수많은 일본어 문서를 번역해 왔지만 이 책처럼 조심스러웠던 적이 일찍이 없었다. 그 이유는 이 책이 한국인들이 가장 민감하게 생각하는 한일관계를 다루고 있기 때문이다. 한국인들은 외국인들이 평가하는 한국의 모습에 관심이 많다. 그리고 가급적 좋게 보이기를 바라고 있다. 그런데 그 외국인이 일본인이라고 하면 더더욱 관심이 고조될 수밖에 없을 것이다. 과거의 한일관계의 어두운 역사 때문에-. 그래서 표현 하나 하나, 단어 하나하나에 더욱 주의를 기울이지 않을 수 없었다. 자칫 뉘앙스 하나 차이로 저자나 출판사에게 피해를 줄 수 있다고 생각되었기 때문이다. 독자들도 이런 사정을 감안하여 읽어주시면 감사하겠다.

최종교정을 하면서 가슴에 박히는 말이 하나 있다. 그것은 저자의 '문고판 후기'에 있는 다음과 같은 지적이다.

"(한국인은) 자국의 역사에 대해서조차 직시하지 못하고 있다. 대상(=한국)에 대한 애정 같은 것은 어디에도 찾아볼 수 없었다. … 내재적으로 자국을 이해하려고 하는 소수의 성실한 언설은 부당하게 무시되거나 경멸되고 있었다. 그런 식으로 한국을 인식해서는 안 된다."

내가 중국학에서 한국학으로 전환한 지 올해로 5년 남짓 되는데, 그 5년여 동안 내 머릿속을 떠나지 않았던 문제의식이 바로 한국인의 '자기 인식'이었다. 자기를 보기보다는 남(=외국)을 보고 싶어 하는 한국인. 모든 좋은 사례는 외국에서 가져오려는 습성에 젖어든 한국인. 바깥의 틀을 빌려와서 자기를 설명하려는 한국인 등등. 이러한 자기비하, 자기무시로 점철된 비주체적 태도에 대해 일본인인 저자는 애정어린 충고를 하고 있다. "아니, 한국에도 좋은 사상과 철학과 종교와 문화가 많이 있습니다. 그러니까 서양이나 중국만 보지 말고 한국에도 눈을 돌려주세요!"

2013년에 저자가 원광대학교에 왔을 때 힘주어서 한 말을 나는 아직도 생생하게 기억하고 있다. "일본인들은 서양을 너무 많이 공부하고 있어요!" 이 비판은 우리에게도 그대로 적용된다. 우리가 중국과 서양 인문학에 쏟아 붓는 시간의 단 10분의 1만이라도 한국의 인문학에 할애했다고 한다면 오늘날 한국학이 이 지경에까지 이르지는 않았을 것이다. 그러나 한국의 인문학자들은 그렇게 하지 않는다. 왜냐하면 좋은 것은 항상 '바깥'에 있다고 생각하기 때문이다. 그리고 '자기'보다는 '바깥'을 알아야 사람들이 인정해주기 때문이다. 반대로 이런 풍조를 싫어하는 사람들은 폐쇄적인 일국사(一國史)의 관점에서 한국문화를 찬양하기 십상이다. 이것이 오늘날 한국학이 처한 현실이다.

그렇다면 우리는 이러한 곤경에서 한국학을 어떻게 구해 낼 수 있을까? 장차 한국학을 어떻게 해야 할 것인가? 나는 이 물음에 대한 실마리가 이 작은 책 속에 담겨 있다고 생각한다.

마지막으로 더딘 번역 작업을 인내 있게 지켜봐 주신 오구라 교수님과 박길수 대표님에게 감사드린다. 아울러 13년 전에 동경의 한 서점에서 이 책의 번역을 '명령'해 주신 서강대학교 철학과 정인재 명예교수님, 그리고 저자와의 인연이 지속될 수 있게 도와주신 김태창 선생님과 박맹수 교수님께도 깊이 감사드린다. 이 모든 분들과의 고마운 인연이 아니었다면 이 책은 아직도 일본에 머물러 있었을 것이다.

2017년 11월 도봉산 자락에서
역자 조성환

찾아보기

한국은 하나의 철학이다

등록 1994.7.1 제1-1071
초판 발행 2017년 12월 20일
8쇄 발행 2023년 10월 31일

지은이 오구라 기조
옮긴이 조성환
펴낸이 박길수
편집인 소경희
편 집 조영준
관 리 위현정
펴낸곳 도서출판 모시는사람들
　　　　03147 서울시 종로구 삼일대로 457(경운동 수운회관) 1207호
전 화 02-735-7173 / 팩스 02-730-7173
홈페이지 http://www.mosinsaram.com/

인 쇄 피오디북(031-955-8100)
배 본 문화유통북스(031-937-6100)

값은 뒤표지에 있습니다.
ISBN 979-11-88765-00-3　　03150